L'ESPRIT

DES DEUX CHAMBRES.

Paris, C. Farcy, imprimeur,
Rue de la Tabletterie, n. 9.

L'ESPRIT

DES DEUX CHAMBRES,

ou

MAXIMES POLITIQUES, ADMINISTRATIVES, MORALES, RELIGIEUSES, etc., etc.,

DE MM. LES MEMBRES DES CHAMBRES DES DÉPUTÉS ET DES PAIRS,

PENDANT LA SESSION DE 1828.

Les hommes sont nés les uns pour les autres, il faut donc les instruire.   LA ROCHEFOUCAULT.

Combattez avec courage, mais sans dédain, les erreurs funestes au bonheur des hommes.
SAINT-LAMBERT.

PRIX 1 *fr.*

PARIS,

MESNARD, ÉDITEUR-RÉDACTEUR, RUE D'ANJOU-DAUPHINE, N. 7.
FARCY, IMPRIMEUR, RUE DE LA TABLETTERIE, N. 9.

1828.

L'ESPRIT

DES DEUX CHAMBRES.

5 FÉVRIER.

SÉANCE POUR L'OUVERTURE DE LA SESSION DE 1828.

Discours du trône.

1. Les ministres doivent marcher constamment vers une économie sévère et bien entendue (1).

2. Le commerce et l'industrie sont la gloire des états pacifiques.

3. Quelle que soit l'intimité des rapports qui doivent exister entre la religion et l'éducation des hommes,

---

(1) A l'ouverture des États-Généraux, Louis XVI s'exprimait ainsi :

J'ai déjà ordonné, dans les dépenses des retranche-mens considérables. Vous me présenterez encore, à cet égard, des idées que je recevrai avec empressement, mais, malgré les ressources que peut offrir l'économie la plus sévère, je crains, MM., de ne pouvoir soulager mes sujets aussi promptement que je le désirerais. Je ferai mettre sous vos yeux la situation exacte des finances; et, quand vous l'aurez examinée, je suis assuré d'avance que vous me proposerez les moyens les plus efficaces pour y établir un ordre permanent, et affermir le crédit public. Ce grand l'instruction publique et les affaires ecclésiastiques m'ont paru exiger une direction séparée.... (1)

4. Voulant affermir de plus en plus dans mes états la charte qui fut octroyée par mon frère, et que j'ai juré de maintenir, je veillerai à ce qu'on travaille avec sagesse et maturité à mettre notre législation en harmonie avec elle (2).

5. La véritable force du trône est, après la protection divine, dans l'observation des lois.... (3)

____

et salutaire ouvrage, qui assure le bonheur du royaume au-dedans et sa considération au-dehors, vous occupera continuellement.

(1) Si nous remontons aux premiers tems historiques, nous découvrons que la religion eut chez tous les peuples le même principe, et le même but; et que, s'alliant intimement avec la politique, elles régnèrent ensemble sur les esprits et sur les cœurs, sans jalousie et sans rivalité. Les plus anciens législateurs cimentèrent cette heureuse alliance, en soumettant à la loi, unique et suprême autorité, l'influence morale du sacerdoce. P. P.

(2) Faites, pour l'utilité des hommes, tout ce que demande la condition de législateur et de roi.

MARC-AURÈLE.

(3) La loi est l'expression de la volonté générale. L'intérêt de tous doit être l'unique motif, le but unique de chaque loi. La loi se fait reconnaître aux formes consacrées et prescrites par la constitution. L'essence de la loi est sa commune utilité. Son principe est le droit égal de chaque membre de l'union; et, ce droit est lui-même le principe de l'union sociale.

6. La vérité est le premier besoin des princes et des peuples (1).

***

9 FÉVRIER.

Vérification des pouvoirs.

7. Les donations, à titre d'avancement d'hoirie, ont été regardées de tout tems, comme équipollentes aux droits successifs... (2).

8. Un préfet ne doit pas intervenir dans les élections.

DUPIN *aîné.*

9. Les membres les plus éclairés du Conseil d'Etat, se fondant sur la législation romaine, et sur l'opinion des jurisconsultes et des tribunaux qui ont traité la question, ont jugé qu'une donation pure et simple en

---

(1) Quel plaisir égal à celui d'être sur le sommet de la vérité, montagne presque inacessible, où l'air est toujours serein ; et considérer de-là les erreurs, les égaremens, les brouillards et les tempêtes, pourvu qu'on les regarde d'un œil compatissant et non pas avec orgueil. BACON.

Celui qui ment fait le brave avec Dieu, et le poltron avec les hommes. MONTAIGNE.

(2) M. le ministre de l'intérieur prétend qu'il y a question, et que le Conseil-d'État pense autrement. Une foule de voix répond : *Le conseil d'état ne fait pas loi à la chambre.*

avancement d'hoirie, constituait une possession à titre successif....

10..... Dans tous les cas, une décision du Conseil-d'État ne pourrait avoir une influence sur les décisions de la Chambre, parce que la Chambre se lie par ses propres précédens (1), et non par des décisions qui lui sont étrangères.   AGIER.

11. La Chambre ne procède point par le jugement des questions isolées.   MESTADIER.

12. Notre mandat est l'intérêt du pays, la bonne-foi, l'honneur français et la loyauté.   DUPIN, *aîné*.

13. Il ne peut y avoir de fraude dans une donation faite par un père à son fils.

14. D'après l'art. 180 du C. Civ. les fonctions amovibles n'emportent pas translation de domicile.
                    DUVERGIER DE HAURANNE *et plusieurs*
                    autres membres.

15. Lorsque des pétitions vous sont présentées, vous devez, selon les circonstances, ou les écarter par l'ordre du jour, ou les renvoyer aux ministres compétens.

16. La France a soif d'ordre légal et de justice ad-

______

(1) Lors de la première élection de M. Agier, MM. Pardessus et Ravez, avaient partagé l'avis de M. Dupin sur la question de donation en avancement d'hoirie. M. Pardessus n'a pas varié sur ce point.

ministrative; et c'est surtout en matière d'élections que la bonne-foi doit se signaler (1).   CASIMIR PÉRIER.

17. Le secret des votes doit être scrupuleusement observé.   RAVEZ.

18. La chambre des députés (2), comme corps constitué, doit, lorsqu'elle acquiert la connaissance d'un délit, le dénoncer à la justice.   PARDESSUS.

19. La chambre a le droit de disposer du pouvoir légitime qui lui appartient pour la vérification des pouvoirs.

20. Le droit de pétition mérite et commande tout respect.   DE CHAUVELIN.

21. Tant que la chambre n'est pas constituée, elle n'a pas le droit de nommer une commission de pétitions.   RAVEZ.

---

(1) C'est le caractère qui doit continuellement rappeler l'origine, la force, et les droits des représentans de la nation.

(2) *Député*, est synonime de *législateur*. La Chambre des députés se compose de tous les députés ou élus du peuple; et comme ils font les lois, en son nom, ils en sont aussi les représentans.

Dans les systêmes représentatifs, le peuple n'exerce qu'un seul acte de souveraineté, celui par lequel il élit ses représentans immédiats; les représentans immédiats n'exercent qu'un acte de représentation, comme le peuple qu'un seul acte de souveraineté.

C'est honorer la raison du peuple que de lui faire recon-

22. Mais si ces pétitions ont trait à la validité des élections, elles doivent revenir devant la Chambre.

MÉCHIN.

23. Ces pétitions doivent rentrer dans l'ordre légal; elles devront retourner dans les mains du président.

24. La chambre a le droit de connaître la valeur des pétitions. Un renvoi, précédé d'un examen sérieux est plus dans les convenances et plus utile, tandis que par un renvoi rapide et sans réflexion, l'on n'arriverait pas au but proposé. ALEXIS DE NOAILLES.

25. Le certificat du directeur des contributions directes est-il valable (1), ou faut-il des attestations délivrées par les maires?... Les directeurs des contributions directes sont-ils aussi bien que les maires, en état de connaître les mutations qui peuvent se faire d'un moment à l'autre? DUVERGIER DE HAURANNE.

26. La chambre a décidé, dans des circonstances toutes semblables, que les certificats donnés par les directeurs des contributions directes justifiaient suffisamment de la

---

naître que moins il exerce de ses droits et plus il en délégue, plus sont garantis le repos de l'état et la durée de la constitution.

Mais l'électeur dont le sort, comme propriétaire, est lié au sort de l'état lui-même, ne doit jamais oublier ses devoirs.

(1) Pour attester la possession annale.

possession annale, quand ils attestaient depuis combien d'années les biens imposés étaient possédés.   AGIER.

---

11 FÉVRIER.

27. Une élection est-elle vicieuse parce que la cote de contribution n'aurait été complétée, par une délégation, qu'après l'élection faite ?   LETISSIER.

(Cette question est soulevée à l'occasion de l'élection de M. Gravier, par le département des Basses-Alpes, mais un précédent, favorable à M. de Clarac, qui s'était trouvé dans le même cas, la fait résoudre néga tivement.)

28. Les organes du gouvernement et les députés doivent présenter à la chambre des propositions tendant à déterminer ce qu'il convient de faire à l'égard des abus de pouvoir dont l'administration se serait rendue coupable dans l'exercice des fonctions qui lui sont confiées relativement aux élections.   DE BEAUMONT.

29. L'élection d'un député est-elle vicieuse si, devenu veuf et ayant eu la jouissance de tous les biens de la communauté par un testament, et si, privé de la moitié de la jouissance de ces biens, par la majorité de son fils, il se trouve ne plus payer le cens voulu par la loi?...
Ce député peut-il se prévaloir de l'usufruit, pendant un tems, de tous les biens?
30. Lorsque les contributions sont indivises, de telle

sorte qu'il ne puisse être justifié si c'est le père ou le fils qui les paie, et s'il existe cependant même un acte de partage non enregistré qui les attribue au père, ce dernier peut-il s'en prévaloir pour combler son déficit?

(Ces questions, résolues négativement, ont fait annuler la nomination de M. de Chardonnet, élu dans l'un des arrondissemens de Saône-et-Loire. RAVEZ, *rapporteur.*)

31. La dépendance des fonctionnaires publics (au gouvernement) est en discord avec les véritables intérêts de l'administration; on ne peut supposer que des hommes de bien puissent consentir à devenir les instrumens absolument passifs d'un ministre, et à n'avoir d'autres pensées que celles qui leur seraient suggérées par leurs supérieurs...
— Une telle aberration ferait du gouvernement représentatif une véritable déception. VOISIN DE GARTEMPE.

32. — Elle serait une sorte de crime portant atteinte à l'indépendance des élections, et de plus à l'honneur des fonctionnaires publics et à celui de la magistrature.
SÉBASTIANI.

33. Autrefois l'on pouvait dire : je sers le roi, je sers la France; c'était offrir à ses concitoyens la plus noble et la plus sûre garantie d'une vie honorable et d'un caractère au-dessus du soupçon; mais, par l'effet de doctrines funestes qu'a propagées la corruption du pouvoir, aujourd'hui servir l'état, c'est faire présupposer aux électeurs qu'on a perdu l'intégrité morale, et quand on arrive au jour des élections, on n'a qu'un mot à dire pour faire un tort capital au candidat : *Monsieur est fonctionnaire.* Pour

la prospérité du gouvernement, je dis plus, pour l'autorité, pour la sécurité du trône, il est temps qu'une immense déconsidération cesse de peser sur l'administration française.

34. Pour laisser au gouvernement la dignité, et pour lui concilier le respect et l'affection des peuples, il faut que le gouvernement se renferme dans les limites d'administration, qu'il confectionne sans fraude les listes électorales, qu'il n'y introduise pas de faux électeurs, qu'il ne tourmente pas, par des mesures vexatoires et par de honteuses menaces, les électeurs indépendans; qu'il n'aille pas se faire courtier de candidature et croupier d'élections; que les préfets, au lieu d'être condamnés en quelque sorte aux travaux forcés des élections, s'occupent seulement de l'administration de leur département; ils n'en seront que plus vénérés; ils seront récompensés de leurs soins par le respect et l'amour de leurs administrés.

35. Tant que la Chambre n'est pas constituée, elle n'a rien à renvoyer aux ministres. *Voy*. le n° 20. Ch. DUPIN.

36. Toute demande de renseignemens, de la part des bureaux, auprès des ministres, est de droit. (*Opinion de la Chambre.*)

37. Lorsqu'un honorable député affirme, sur sa parole (1), un fait qui le concerne, je dois le croire comme

______

(1) Le *serment* eut tant de force chez le peuple Romain, que rien ne l'attacha plus aux lois. Il fit bien des fois, pour l'observer, ce qu'il n'aurait jamais fait pour la gloire, ni pour la patrie. (*Voyez l'ex. de* QUINTIUS CINCINNATUS.)

MONTESQUIEU.

homme; mais ici nous parlons de l'ordre légal, nous voulons y rentrer pour ne plus en sortir ; nous ne devons pas jouer avec les lois dans le sanctuaire des lois : le député ne s'est pas conformé aux lois, il n'a pas apporté la preuve de la possession annale ; nous devons donc ajourner son admission, jusqu'à ce que cette formalité ait été accomplie (1). MÉCHIN.

38. Les extraits des rôles deviennent des documens publics, quand il s'agit de vérifier les droits du cens (2) électoral ; ils le deviennent tellement, que les députés sont aussi obligés de les produire à la Chambre ; pourquoi les électeurs seraient-ils affranchis de cette obligation de prouver aussi qu'il n'y a point de fraude de leur part ?

39. Quand on a le soupçon que de faux électeurs ont été introduits dans un collège, il ne faut pas fermer les yeux sous prétexte que, même en retranchant les suffrages des faux électeurs, il resterait encore à l'élu une majorité suffisante (3). B.-CONSTANT.

40. Le ministre des finances a décidé que les direc-

---

(1) Il s'agissait de M. de Chantelauze qui, ne produisant pas ses titres de possession annale, avait affirmé sur l'honneur qu'il possédait depuis un an.

(2) Dans les premiers tems de la monarchie, le *cens* (census, tributum) ne se levait que sur les esclaves et non pas sur les hommes libres.

(3) Cette doctrine est d'autant plus péremptoire que,

teurs des contributions, les percepteurs, les maires, chacun dans la partie qui les intéresse, ne peuvent refuser communication des matrices des rôles, à ceux qui la demandent.

41. Chaque électeur a le droit de s'assurer si les autres électeurs sont portés avec justice sur la liste.

Roy, minist. des fin.

42. Pour que les élections soient reconnues valides, il faut qu'il n'y ait point eu de manœuvres frauduleuses....

43. Rien ne peut justifier des retranchemens irréguliers qui auraient été faits des listes électorales. Les additions sont censées être faites sur la production des pièces justificatives du réclamant; mais si une décision a lieu sans présentation de pièces justificatives, sans titres réels, alors il n'y a pas loyauté, il y a fraude.

44. Le défaut de liberté ne peut s'entendre que d'une contrainte imminente, qui oblige un électeur à voter contre le vœu de sa conscience.

45. Une influence qui se résout en un conseil donné, ne constitue pas le défaut de liberté.

46. Les électeurs se sont réunis dans un même sentiment pour le maintien de la dynastie des Bourbons, soit par un sentiment d'attachement, soit par la conviction

---

dans ce cas, ce qui se peut dire de 10 peut se dire de 100 et peut-être de tous; car si la corruption a introduit dix faux électeurs, elle en a pu introduire davantage; la corruption ne s'arrête point; Walpole en est la preuve.

qu'on arrivera beaucoup plus promptement et plus sûre-
ment à l'ordre légal , avec la dynastie forte de l'ancien-
neté de ses droits.

47. Les électeurs ont désiré que notre législation fût
mise en harmonie avec la Charte ; ils ont désiré le développement de toutes les libertés légales ; ils ont désiré le
développement de tout ce qui constitue l'honneur français ; ils ont voulu le maintien de la paix , mais d'une
paix conforme à la gloire et aux intérêts du pays ; enfin
ils se sont montrés animés de l'amour du pays et des libertés publiques.

48. S'il y a injonction faite aux fonctionnaires , il y
a contrainte , la liberté est compromise.....

49. La Chambre a le droit de s'enquérir de la cause
morale d'une élection.

50. La Chambre n'a pas le droit de juger les conditions électorales ; elles appartiennent à une autre juridiction. Mais, lorsque la Chambre est constituée , elle
est elle-même juge des élections ; et , si elles lui parais-
sent frauduleuses , elle ne peut les maintenir. C'est donc
l'ensemble de l'élection qu'il faut juger.

Lepelletier d'Aulnay.

51. Les députés ont le droit d'éclairer leurs cons-
ciences sur des faits dont ils sont les juges souverains.
L'opinion contraire , émise par M. Pardessus , est , dit
l'auteur de cette pensée, et qu'a appuyé M. de Labourdonnaye, fausse, monstrueuse en principe , honteuse en
morale , et, dans l'application , destructive de tout gouvernement représentatif.   De Saint-Aulaire.

52. La Chambre a le droit de rechercher de quelle manière les opérations électorales ont été conduites (1).

DE LABOURDONNAYE.

53. La Chambre est investie du droit le plus étendu pour examiner les pouvoirs conférés à ses membres ; elle n'est enchaînée par aucune décision préalable.....

54. Le pouvoir de la Chambre réside tout entier dans la confiance où est le pays, que la Chambre représente ses vœux et ses intérêts. Cette confiance est sa force ; elle est sa vie. Sans elle s'évanouirait la puissance de la Chambre, et avec elle la représentation nationale.

GAUTIER.

----

12 FÉVRIER.

55. J'espère, tant que je serai ministre, n'avoir pas à vous demander protection pour la fraude, si la fraude a existé..... ni, pour l'avenir, les moyens d'exercer la fraude pour notre bénéfice personnel. Nous sommes, autant que vous, ennemis jurés du mensonge, de la fraude et de l'intrigue ; nous les repousserons, nous les combattrons, sous quelque couleur qu'ils se montrent ; c'est

----

(1) M. De la Bourdonnaye a dit, en 1822, à l'occasion de l'élection de M. de Caumartin : « Il est impossible de croire que vous ne soyez pas compétens pour juger la difficulté qui s'est élevée. Les intérêts que vous représentez exigent que vous premiez les plus grandes précautions pour empêcher qu'on n'abuse jamais du droit que

2

18

le parti auquel nous sommes irrévocablement décidés (1).

56. Nos institutions demandent une lutte franche, forte, déclarée; nos mœurs actuelles repoussent un travail inconnu, obscur, caché.

57. Il ne faut pas penser à arrêter cette lutte, cela est impossible.

58. L'influence du gouvernement (sur les élections) ne doit être ni frauduleuse, ni tyrannique, ni inconstitutionnelle ; les lois doivent être exécutées régulièrement, telles qu'elles ont été promulguées, avec franchise et loyauté. On doit appeler à exercer les droits électoraux, tous ceux à qui la loi impose ce droit ; il faut repousser, avec une égale résistance, tous ceux qui ne justifient pas qu'ils remplissent les conditions exigées. J'ai une si haute idée de l'empire que peuvent exercer sur la France, la bonne foi et la raison, que la loyauté me paraît, indé-

----

l'administration exerce pour préparer ce qui est nécessaire pour procéder aux élections; mais vous avez à surveiller l'exécution des lois auxquelles vous concourez. Or la fonction la plus noble que vous êtes appelés à remplir est de surveiller les faits de l'administration en ce qui concerne la composition de la Chambre. »

(1) Noble et sublime profession de foi! Le maréchal de Belle-Isle, qui ne fut pas moins recommandable comme homme d'état que comme militaire, et qui jeta quelque éclat sur le règne de Louis XV, pendant son ministère, *avouait ses fautes*, mérite plus rare peut-être que de n'en pas commettre. Que ne doit-on pas, d'après un tel langage, attendre de M. le ministre de l'intérieur?

pendamment de l'exécution d'un devoir, un gage de sécurité et une garantie de succès.

59. Nous devons nous resserrer pour donner à son trône (du roi), la force qu'il doit puiser dans l'observation des lois; nous nous efforcerons de donner au pays des lois sages, des lois utiles, comme il en faut à la monarchie et à nos institutions, pour leur conservation mutuelle.

60. Ministres du roi, le mandat que nous avons reçu est comme le vôtre, le mandat de la franchise, de la loyauté et de l'honneur français.

DE MARTIGNAC, *min. de l'intér.*

61. La Chambre des députés des départemens est un pouvoir politique associé à la souveraineté de l'Etat; souveraine elle-même, dans la vérification des pouvoirs de ses membres, puisque ses décisions ne comparaissent devant aucune autorité, et qu'elle ne rend pas raison ni compte de ses motifs; exclusivement souveraine, sans quoi elle releverait de quelque autre pouvoir dont elle serait la création et la créature.

62. Toute législation restrictive de la puissance de la Chambre, dans la vérification des pouvoirs de ses membres, est impossible.

63. Pourquoi la Chambre admet-elle celui-ci et renvoie-t-elle celui-là ? Elle le fait, mais elle ne le dit pas. Comme le juré, elle ne se décide que par sa conviction.

64. Une législation qui commanderait à la Chambre, ou qui lui défendrait d'être convaincue par tel motif, serait non-seulement vaine, mais insensée, le comble

de l'immoralité , puisqu'elle attaquerait la conscience dans son sanctuaire.

65. L'iniquité peut se mettre sous la protection de la force ; mais il ne lui est pas permis d'invoquer la conscience.

66. Je vois, dans la loi du 5 février 1817, que les réclamations qui s'élèveront contre la liste électorale, dans l'intervalle de l'affiche à la clôture, seront jugées par le Préfet, en première instance, et sur l'appel, par les Cours royales, en certains cas ; par le Conseil-d'Etat, en d'autres cas ; mais ces dispositions sont uniquement relatives à la formation des collèges électoraux. Le Préfet dresse d'abord la liste des électeurs. S'il s'élève des réclamations , des juridictions sont indiquées pour y statuer , selon les jugemens rendus ; il peut y avoir des noms ajoutés , des noms effacés. C'est ainsi que les articles 5 et 6 de la loi parviennent à la composition définitive des collèges. Après que la liste est close , elle est irréformable ; elle fait le collège : s'ensuit-il qu'elle fait la Chambre ? Le Préfet est épuisé ; la Chambre l'est-elle ? Y a-t-il rien dans la loi de 1817 qui implique les réclamations portées devant elle, quand elle vérifie les pouvoirs de ses membres ? Ces réclamations ont-elles pour objet, comme celles dont il s'agit dans la loi de 1817 , la révision des listes avant le collège , et le redressement des erreurs qu'elles contiennent ? Non, elles n'ont pour objet que la sincérité et la légitimité des élections.

67. Toute inscription non attaquée devant le préfet, avant la clôture de la liste, est devenue inattaquable devant le même préfet, en vue de la réforme de la liste et

de la composition du collége; il n'est plus temps. Mais qu'une inscription non attaquée devant le préfet ne puisse pas l'être devant la Chambre, non plus en vue de la réforme des listes et de la composition des colléges, mais en vue de sa propre composition; que la souveraineté de la Chambre, sa probité, son honneur soient à ce point humiliés devant l'infaillibilité des préfets; que la fraude et même l'erreur lui soient inviolables et sacrés, qu'il y ait un jour, un instant préfix où ce qui était faux soit devenu vrai, voilà, certes, ce que la loi de 1817 ne dit point, ce qu'aucune loi ne dira jamais, ce qu'aucun ministère n'osera jamais proposer à une Chambre, parce que les doctrines honteuses sont bien plus difficiles à défendre que les mauvaises actions.

68. Les élections appartiennent à la France et non pas à l'administration. Royer-Collard.

69. Là où la loi s'est expliquée, elle commande aux hommes, comme elle commande aux corps constitués, comme elle commande aux Chambres elles-mêmes (1).

---

(1) Il est du plus haut intérêt que ce soit la *raison écrite* et non pas l'homme qui commande; que la loi indique jusqu'où les sujets et les magistrats doivent aller et s'arrêter. Les lois ont été *écrites* afin que les sujets ne pussent pas leur substituer leurs opinions, sous prétexte qu'elles ne seraient pas justes. Aussi Papinien dit-il, que *la loi est la règle commune, le guide des hommes sages.*

70. Ne réglons pas nos devoirs sur notre puissance, mais notre puissance sur nos devoirs (1).

71. Tant que nous serons justes, nous serons entourés d'estime et de considération ; le jour où nous cesserions de l'être, je ne sais pas quels sentimens nous seraient réservés.

72. Les compétences ne sont pas temporaires. C'est sur la nature de l'affaire, sur la qualité de la personne, que sont réglées les attributions des juridictions, et les époques sont absolument indifférentes.

73. C'est par la division des pouvoirs que la souveraineté s'exerce ; là où les pouvoirs ne sont pas distingués, l'anarchie existe nécessairement.   RAVEZ.

74. Le droit de vérifier les pouvoirs n'a pas de limites.
DUPIN *aîné.*

75. Quand la Chambre est appelée à statuer sur une élection, elle est un grand jury, un jury auguste, et elle doit prononcer d'après tous les faits et d'après tous les documens de toute nature qui lui sont soumis. AGIER.

13 FÉVRIER.

76. Il faut s'attacher aux principes les plus clairs dans l'état actuel de la société.

---

(1) Toutes les actions des hommes doivent être une moralité. — Fais ce que dois, advienne que pourra.

77. Les membres de la Chambre des députés ne sont point des jurés ; ils sont des juges constitués comme les autres par la loi ; ils ont attribution sur tout ce qui concerne les opérations des colléges électoraux, l'élection des députés et leur admission dans la Chambre.

78. La souveraineté est un droit ; mais comment l'est-elle ? Qu'est-ce que la souveraineté du Roi ? Dans l'état actuel de la souveraineté, on ne prétendra pas sans doute que ce soit le pouvoir exécutif qui constitue la souveraineté du Roi ? On sait que le pouvoir exécutif n'est jamais qu'une délégation. Il est assez reconnu, par tous les publicistes anciens et modernes, que le pouvoir souverain ne peut être délégué. La souveraineté réside donc dans l'autorité législative.

79. Depuis l'établissement de la Charte, le pouvoir législatif a été divisé en trois branches (1). On ne prétendra pas sans doute que dans cette attribution : à la Chambre des Pairs, à la Chambre élective et au Roi, la souveraineté appartienne seulement au Roi ?

80. Jamais un corps constitué n'est lié par les décisions d'un autre corps constitué.

81. La Chambre des députés n'est pas liée par la jurisprudence des assemblées précédentes (2).

82. Les motifs de suspicion doivent être examinés.

GAÉTAN DE LA ROCHEFOUCAULD.

---

(1) C'est Lally-Tollendal qui le premier, en 1789, émit l'opinion de la nécessité des deux Chambres.

(2) Cette opinion fut celle de M. de Martignac, en 1824,

83. Dans une société bien constituée, la seule souveraineté c'est la souveraineté de la loi ; la souveraineté de la loi, devant laquelle tout doit se taire et s'incliner, devant laquelle tous les corps de l'état doivent fléchir.

84. L'autorité de la chose jugée n'existe que lorsqu'il s'agit d'une même cause entre les mêmes parties ; alors l'autorité de la chose jugée est acquise, et c'est la vérité même (1).

85. Les tribunaux civils et les tribunaux criminels sont placés sur des lignes parallèles ; mais dans un ordre de juridiction très-différent, et l'on ne peut pas toujours argumenter devant une de ces juridictions de ce qui aurait été jugé dans une autre. LE GARDE DES SCEAUX.

86. L'administration, en acceptant les bénéfices, doit en supporter les charges. Dès cet instant, elle devient partie dans l'élection ; elle devient partie par ses agens, par ceux qui se sont rendus ses mandataires ; et nous (députés), qui jugeons en dernier ressort de la validité de

---

lors de la discussion qui s'éleva à l'occasion de la nomination de B. de Constant. Il démontra « que les actes de l'autorité administrative ne pouvaient lier la Chambre, et que même la Chambre, de 1824, ne pouvait être liée par les actes de la Chambre de 1819. »

(1) Je crois que l'axiôme : *Res judicata pro veritate accipitur*, ne doit s'entendre que dans ce sens où *l'affaire* ayant passé par les *solemnités exigées*, la forme l'emporte sur le fond ; car, enfin, la loi peut n'être pas toujours juste, et les hommes ne sont pas infaillibles.

l'élection, nous avons le droit et le devoir impérieux d'examiner, de critiquer ces élections, puisque, de l'aveu du ministère lui-même, il est partie dans la cause, et qu'en arrivant devant la Chambre il se trouve devant ses juges naturels.

87. Lorsque la fraude peut être présumée, la Chambre procède comme un grand jury (1).

88. Qu'est-ce que la conviction légale? C'est le retour à l'ancienne jurisprudence, à cette époque où un juge, convaincu de l'innocence d'un accusé, était cependant tenu de le condamner sur la déposition de deux témoins *de visu* (2).

89. Le code civil n'attache le domicile des fonctionnaires publics au lieu où ils exercent leurs fonctions que quand ils sont inamovibles.

90. Prétendre que le domicile des préfets peut être changé à volonté à la veille des batailles électorales, c'est insulter à la raison publique, à la bonne-foi des Français, et la Chambre évitera de donner à la France le scandale d'une pareille déception (3).   Sébastiani.

---

(1) Qui dit *fraude*, dit préjudice, et par conséquent besoin de punir. *Fraude* signifie dol. Loi 25. ff.

Il y a fraude de la loi lorsqu'on n'a pas respecté ses termes, ou lorsque ce qu'elle ne voulait pas, mais qu'elle n'a pas défendu a été fait. *L.* 29 *et* 3o. *ff.*

(2) Voy. Montesquieu.

(3) Les lois romaines ne reconnaissaient d'autre domicile, que le lieu où l'on avait ses *lares*, ses affaires, sa famille et

91. Les députés n'ont pas la souveraineté de droit, mais la souveraineté de fait (1). DE LA BOURDONNAYE.

***

14 FÉVRIER.

92. Lorsqu'il n'y a aucun moyen de déterminer la préférence entre deux candidats (2), le plus âgé l'emporte. MAUGUIN.

93. La Charte dit qu'un département ne peut prendre plus de la moitié de ses députés hors de son sein. Deux

---

sa principale fortune. Avoir *une maison* dans une autre ville ne constituait pas de domicile. Hors de ses *lares*, on était censé en voyage. PEREGRINARI.

(1) Cette pensée aurait besoin d'être expliquée.

(2) La dénomination de *Candidat* vient de ce que ceux qui aspiraient aux charges, étaient vêtus d'une simple robe blanche, sans tunique de dessous, afin d'écarter tout soupçon qu'ils portassent de l'argent pour acheter les suffrages, et afin de montrer plus facilement au peuple, en ouvrant leur robe, les blessures qu'ils avaient reçues. Un candidat n'était jamais agréé qu'autant qu'il avait paru pendant deux ans dans les assemblées du peuple. Ce n'était qu'à la seconde année qu'il était inscrit sur la liste des prétendans, après avoir fait ses preuves dans la défense des opprimés.

La loi, *de Ambitu*, défendait tous moyens de subjuguer les voix du peuple. Ce dernier recevait deux bulletins, et mettait dans l'urne celui qui lui convenait. Cela avait lieu pour toutes les magistratures qui, à Rome, étaient électives.

députés ne peuvent entrer en même temps dans la Chambre (1). Il faut chercher s'il y a , dans la législation, un moyen de sortir de la difficulté. Il n'y a pas de loi; allez-vous la faire? Vous la feriez si vous décidiez que l'un des deux arrondissemens n'a pas eu le pouvoir de choisir un député hors du département (2).

94. Se décider pour le plus âgé, c'est faire prédominer son droit sur le plus jeune.   DUPIN *aîné*.

95. Un député élu ne peut donner sa démission que lorsque son élection est valable.

JACQUINOT-PAMPELUNE.

96. La France attend de ses députés la juste satisfac-

---

(1) Les premières séances des Etats-Généraux, se passèrent respectivement en projets de réglemens de police intérieure, en discussions sur l'admission des membres. Plusieurs scissions, dans les bailliages, avaient donné lieu à des admissions doubles, et bientôt cette question devint générale pour la vérification des pouvoirs. Le principe, sur lequel on fondait ce droit, était que les députés, une fois nommés, étaient représentans de la nation entière; mais qu'il fallait que la légalité du caractère de chaque membre fût connue. Le principe triompha, parce que dans tous les tems les *principes* sont une arme qui, s'emparant de l'opinion, élève un pouvoir moral, auquel il faut que tout finisse par céder. Ce fut une motion de Sieyes qui donna lieu à la promulgation du principe de la vérification des pouvoirs. (Voy. n° 18).

(2) Le raisonnement est fort et embarrassant. En effet

tion des torts dont elle a été la victime ; si on ne la lui donne pas très-légalement et avec une force calme, elle se la donnera elle-même.

97. Comment de faux électeurs ont-ils été introduits dans les colléges ? Par une altération de la morale publique (1), par la consécration donnée à cette maxime perverse d'une *secte bien connue* : *que la fin justifie les moyens.*

98. Notre révolution avait eu des momens de violence, d'oppression, de délire, elle était au moins pure de fraude et d'astuce.

99. La France demande de mettre la monarchie constitutionnelle, qui est à tous également chère, en contact avec une Chambre qui soit enfin libre.

100. D'un bout du royaume à l'autre, il s'est formé contre les faux électeurs, une sainte coalition.

101. La France a su remettre chacun à sa place, et rétablir l'ordre légal.

102. Le roi est l'électeur unique de la Chambre des pairs ; l'électeur des députés, c'est le pays, représenté par les colléges électoraux. Par conséquent, le devoir des

---

un département n'a qu'un député à prendre en dehors de son sein, mais deux arrondissemens, sans intention, en choisissent deux ; que doit-il arriver ?

(1) La loi des XII tables entendait *par morale publique,* tout ce qui est conforme à la raison naturelle, au droit des gens et au droit civil, ce qui est introduit par l'usage, et fait plus loi, parmi les hommes, que la loi même. Le peuple romain, dit Cicéron, dans son traité des lois, re-

députés est de s'enquérir de la validité des suffrages qui ont concouru à l'élection.

103. Il y a, la charte elle-même l'a voulu, il y a une souveraineté au-dessus de celle de la Chambre des députés, c'est celle qui les nomme.

104. Si les députés n'appréciaient pas, dans un examen sévère et impartial, les plaintes qui leur sont portées par la clameur publique, ce serait évidemment des mains du Conseil-d'Etat, et non de celles du peuple, qu'ils recevraient leurs pouvoirs... Si les choses se passaient autrement, cette année, une nation qui a déjà montré ses forces contre un ministère prévaricateur, ne s'en prendrait pas au Conseil-d'Etat, mais aux députés qui auraient méconnu leurs droits. KÉRATRY.

105. Les élections passées ont été faites, dans la plus grande partie de la France, sous l'influence d'un comité directeur établi à Paris. DE CURZAY.

106. Ce comité directeur, c'est la voix de toute la France. DE SCHONEN.

107. Lorsque l'administration est considérée, l'exécution des lois devient plus facile, parce qu'elle rend l'obéissance honorable, et il n'est ni sage ni politique de chercher à l'affaiblir.

---

gardait, comme loi, ce qui avait été pratiqué par ses ancêtres. Il est certain que cette idée, que nos pères sont des images de cet être créateur qui veut le bien des hommes et leur impose la vertu, devait ajouter au respect, à l'amour filial et à la force de l'éducation.

108. Mais l'administration se discrédite elle-même en se mêlant de ce qui ne la regarde pas, parce que l'autorité perd de sa dignité partout où elle est déplacée, et je ne connais rien de moins propre à la lui conserver que de commettre aux préfets le soin de ce qu'on appelle *faire les élections.*

109. La menace fait haïr, la prière fait dédaigner.

110. Dites au prince que s'il fut deux peuples dans le même peuple, ils se sont donné le signe de paix... Il lui appartient de combler l'abîme qui les a si long-temps séparés, et que, s'il en reste encore quelques traces, elles seront pour attester la gloire et les bienfaits de la royauté (1).

111. On me parle de troubles et de révolution! Ah! sans doute, j'ai en horreur le despotisme et l'anarchie; ils m'ont ravi mes parens, ma fortune (l'orateur est vivement ému, et il a presque les larmes aux yeux); ils ont abreuvé mon enfance d'amertume et de misère; mais s'il m'en est resté des impressions profondes, elles ne m'offusquent point le sens et la raison : des fantômes hideux ne sont pas pour moi des fantômes.

112. Cette révolution où donc est-elle? La Charte a tué le monstre, et ce n'est qu'en tuant la Charte qu'on peut le faire revivre.

113. L'aménité naturelle de nos mœurs, nos habitudes bienveillantes et polies ont rapproché les hommes occupés de se haïr. Dans leurs rapports, plus confians et plus

––––––––––

(1) Le privilège des belles ames est de se rencontrer sur la route du bien public : le langage qu'a tenu M. de

faciles, les opinions se sont par degrés adoucies et confondues, enfin, le royalisme est devenu libéral, et le libéralisme est devenu monarchique.

114. La révolution religieuse de l'Angleterre donna lieu à une foule de sectes religieuses. La révolution politique de France donnera lieu à beaucoup de partis politiques (1).　　　　　　　　　　　DE LEYVAL.

---

15 FÉVRIER.

115. Il importe à toute la France de pouvoir, en tout tems, s'assurer si un citoyen a droit ou n'a pas pas droit, par le montant de ses contributions, d'être porté comme électeur sur la liste du jury.

116. Si la violation du secret des votes était démontrée, ce motif suffirait pour demander que l'élection fut déclarée nulle.　　　　　　　　　　　Ch. DUPIN.

Leyval, et en quoi il a été si bien imité par M. Alexandre de Laborde, fut à peu près le même que tint, en 1788, le vertueux et infortuné Tendeau.

(1) J'ignore ce que l'orateur a entendu par *partis politiques*, mais son discours m'est garant que l'imposture ne pourra plus reprendre son masque; que des charlatans ne pourront plus agiter la nation dans tous les sens; faire de la modération un crime; convertir les excès en vertus; l'enthousiasme en délire; la haine des abus, en haine des personnes; ni la conquête des droits, en emportemens démagogiques; le règne des passions viles et des vices honteux est passé.

117. M. de Martignac a pu se tromper en voulant justifier l'élection de M. d'Anthès, mais il a agi selon sa conscience. Dernièrement, cédant à une impulsion non moins louable, il a justifié un préfet absent qui était attaqué ; mais lorsque, au contraire, c'est l'administration entière qui a été attaquée, qui a été flétrie par des preuves irrécusables, le ministre de l'intérieur à gardé le silence : il a bien fait, il a prouvé qu'il savait concilier sa générosité avec ses devoirs : il s'est ainsi séparé de l'ancienne administration, qui lui aurait laissé un pénible fardeau s'il avait eu à défendre tous ses actes. Cet exemple doit nous toucher tous ; le ministère actuel répudiera l'héritage de ses prédécesseurs..... (1).   B. CONSTANT.

16 FÉVRIER.

118. Quand bien même un député donnerait sa démission, et que la Chambre l'accepterait, la Chambre n'en doit pas moins faire justice des actes criminels qui auraient vicié ou accompagné cette élection. *Voy.* n° 17.
MÉCHIN.

(M. de Chardonnet ayant écrit à la Chambre pour la faire revenir sur son exclusion, attendu qu'il offre de justifier qu'il paye le cens exigé, la discussion donne lieu aux principes suivans.)

(1) La franchise, la bonne-foi, l'amour pour l'égalité, le respect pour la Charte et enfin des institutions, sont *l'indemnité* qu'attend la nation du nouveau ministère. M. de Martignac a bien commencé.

M. de Chardonnet étant sous-préfet de Châlons, sa qualité de fonctionnaire le rendrait plus reprochable qu'un autre s'il s'était présenté, comme éligible, lorsqu'il ne payait pas le cens exigé par la Charte. La justice de la Chambre la déterminera sans doute à renvoyer l'affaire à un plus mûr examen (1).   DORIA.

120. Il ne faut pas distinguer entre le jugement d'admission et le jugement de rejet.

121. Les députés jugent aussi; et la chose jugée, une fois établie, ne peut être rétractée. Il n'y a pas de jugement sur un jugement (2).   MAUGUIN.

122. La Chambre ne doit marcher qu'avec la loi et le réglement. S'il est une considération applicable au cas actuel, c'est que vous n'êtes pas institués pour réviser vos propres décisions.

123. Ce sont toujours des motifs d'équité (3), et jamais des considérations personnelles qui doivent être invoquées à la tribune.   DUPIN *aîné*.

---

(1) M. B. Constant y consent, pourvu que la Chambre révise les admissions qu'il croit avoir été faites légèrement. M. Hyde-de-Neuville se joint à lui en distinguant entre l'admission et le rejet; il regarde la première comme définitive; l'examen du deuxième comme une justice.

(2) C'est-à-dire, que dans la même session, la Chambre ne peut être assimilée à une Cour d'appel; surtout si le fait ne comporte point de circonstances nouvelles. *Non bis in idem.*

(3) *L'équité* est cette raison parfaite qui explique, et

124. Ce que la Chambre a décidé ne lui appartient plus; sans cela la vérification des pouvoirs serait éternisée.   Girod *de l'Ain.*

125. C'est surtout dans le cas d'une dissolution de la Chambre des Députés, c'est-à-dire, lorsque le trône interroge la nation, que des influences, employées pour lui faire exprimer une opinion mensongère, deviennent non-seulement coupables, mais une infraction positive à la loi. Lorsqu'une Chambre des Députés cesse, par telles ou telles raisons, d'être apte à remplir sa mission, la couronne s'adresse au pays et lui demande de manifester, par des élections nouvelles, ses vœux et ses besoins, et de lui fournir un ensemble qui soit en rapport avec les uns et les autres, qui soit à la fois un symptôme vrai et un remède réel du mal public (1).

---

corrige les lois et tout ce qui est écrit et dit ; de laquelle découle ce droit qu'on appelle *bon* et *juste*, qui n'est écrit nulle part, mais que la raison indique. L. 1. Cod. de legib.

L'équité a sa source dans Dieu ; et ses rapports sont le droit naturel, le droit civil, les bonnes mœurs.

Dans quelques cas, cependant, le *droit rigoureux* l'emporte sur *l'équité.* Toutefois l'équité est la règle du droit et des mœurs, car c'est elle qui est le juge du droit et de toutes les actions humaines.

(1) Si l'on pouvait douter de la capacité naturelle qu'a le peuple, pour discerner le mérite, il n'y aurait qu'à jeter les yeux sur cette suite continuelle de choix étonnans que firent les *Athéniens* et les *Romains* ; ce qu'on n'attribuera pas sans doute au hasard.   Montesquieu. L. 2. Ch. 2.

126. La violence, les menaces et encore moins la fraude ne sauraient être tolérées.

127. En certain tems, et jusqu'à certain point, les mystifications peuvent amuser une nation, mais elles ne la trompent pas. M. PATAILLE, *rapporteur pour l'élection de M. Syrieys de Mayrinhac* (1).

128. Celui que ses droits appellent, dans un collége, est, suivant ses propres inclinations, silencieux ou pétulant; mais l'homme, assez maître de lui-même, ou assez commandé par les autres pour accepter une mission qui ne lui était pas légalement départie, n'est pas seulement un faux électeur, il est un agent. Le faux électeur est introduit non seulement pour voter, mais pour agir sur les autres... pour faire voter les hommes indécis contre leur opinion véritable (2).   DUPIN *aîné*.

129. Un préfet a dit, que les fonctionnaires publics, qui se conduiraient dans un sens opposé du gouvernement (de 1827), seraient dans la nécessité de donner leur démission.

---

(1) M. le rapporteur présentait que sur 150 électeurs dans le département du Lot (Figeac), il y en avait eu 40 qui n'avaient pas le droit de voter, et que l'administration du département avait joint à la menace toute la violence imaginable.

(2) LIBANIUS dit, *qu'à Athènes un étranger qui se mêlait dans l'assemblée du peuple, était puni de mort*. C'est qu'un tel homme usurpait le droit de souveraineté.

Il est essentiel de fixer le nombre des citoyens qui doivent

13o. Si Henri IV, si ce loyal Béarnais entendait cette discussion (1), il ne manquerait pas de s'écrier : « Ventre-saint-gris ! ce ne sont pas là mes électeurs, et les députés que ces électeurs nomment ne sont pas mes députés. »

MÉCHIN.

151. Prouvez que vous détestez la fraude et que vous voulez l'atteindre de quelque manière qu'elle se présente.

DUVERGIER DE HAURANNE.

152. Les élections peuvent être viciées de deux manières : quand il y a fraude, ou quand il y a violence.

B. CONSTANT.

155. L'ajournement est une question préjudicielle qui, ne faisant aucun tort à la question principale, doit, par elle-même, avoir la priorité. On ne vote, pour l'ajournement, que quand on ne se trouve pas suffisamment instruit sur la question principale.   RAVEZ.

CHAMBRE DES PAIRS (2.)

154. Constater la situation des choses, au moment où nous acceptons la responsabilité de l'avenir, et re-

former les assemblées ; sans cela, on pourrait ignorer si le peuple a parlé, ou seulement une partie du peuple.

MONTESQUIEU. L. 2. ch. 2.

(1) Sur M. Syrieys de Mayrinhac.

(2) Nous n'avons rien extrait de l'ADRESSE de la Chambre

cueillir les lumières et les vœux, c'est tout ce qu'il nous (Pairs) est permis de faire et de promettre (1).

135. Au tems où nous vivons, les hommes publics ne s'expliquent bien, ne sont bien appréciés que par leurs actes (2).

136. Rien n'est plus compatible, rien n'est plus inséparable, désormais, que l'amour du Roi et l'attachement aux libertés publiques, le dévouement au trône et la fidélité aux institutions (3).

137. Il n'y a point d'avantages solides hors d'une politique loyale.

138. La France saura prendre et conserver le rang

---

des Députés, parce que nous attendions celle de la Chambre des Pairs que nous avions l'intention de réunir, afin que nos lecteurs pussent plus facilement les comparer ; mais ces Adresses n'étant que le discours *retourné*, nous nous bornons à extraire quelques *pensées* du discours de M. le comte de La Ferronnays, ministre des affaires étrangères, à l'ouverture de la discussion, sur le projet d'Adresse, dans la séance du 15 février.

(1) Lorsque les circonstances sont plus fortes que nous, il faut régler notre conduite et nos opinions sur le bien public. Le principal levier des gouvernans est dans l'intention et dans la capacité.

(2) Il ne faut pas que nos actions soient comme des bouts-rimés, que chacun fait rapporter à ce qui lui plaît.

La Rochefoucauld.

(3) L'ordre légal enferme, indissolublement unis, le Roi et les libertés publiques. (Journal des Débats du 19 fév.)

qui convient à son honneur, à sa puissance et à sa dignité. Sa gloire, que personne n'oublie, protége son repos, assure son indépendance et contribue puissamment au maintien de la paix du monde (1).

DE LA FERRONNAYS.

CHAMBRE DES DÉPUTÉS.

18 FÉVRIER.

139. Il serait contraire à l'honneur de la Chambre d'admettre un député qui n'aurait pas été élu par la majorité libre et loyale des colléges.

140. De ce qu'il n'y aurait pas eu mauvaise foi dans l'élection d'un député, ce ne peut être un prétexte suffisant pour motiver son admission.

141. Les décisions que rend la Chambre, exercent, au-dehors, une grande influence, parce qu'elles doivent être fondées sur la vérité; mais si au lieu de la vérité, on trouve une élection viciée par l'erreur, la composition de la Chambre est attaquée dans son principe.

----

(1) La bénédiction de Juda et celle d'Isachar ne se trouveront jamais ensemble, c'est-à-dire, que le même peuple soit à-la-fois le jeune Lion et l'Ane sous le fardeau.

BACON.

142. Espérons que bientôt les Communes seront affranchies de la servitude administrative, comme elles l'ont été de la servitude féodale; que L'instruction Publique ne tombera pas sous le monopole de cette société si justement proscrite, et que l'on était effrayé de voir reparaître.

MARCHAL.

143. On parle souvent de révolution; il est encore une révolution à laquelle on ne fait pas assez d'attention, c'est la révolution qui s'est faite dans les esprits, dans les idées, dans les sentimens. C'est une révolution heureuse et merveilleuse : d'une part on s'est rapproché de la monarchie et de la dynastie; d'autre part on s'est rapproché des idées constitutionnelles (1).

144. Quiconque veut la dynastie, veut les institutions constitutionnelles, et quiconque veut les institutions constitutionnelles, veut le trône, veut la couronne (2).

AGIER.

---

(1) Cette révolution morale date de notre révolution politique. Une jeunesse, qui eut et n'a cessé d'avoir sous les yeux le spectacle d'une grande nation conquérant sa liberté, a dû y puiser un vif esprit d'indépendance et un grand désir d'imitation; et en 89 et 90, ne fut-ce pas même la jeunesse de la Cour qui donna les plus grands exemples de dévouement populaire ?

(2) Il en est des principes, en politique, comme des élémens dans l'ordre naturel, qui ont besoin de former des alliances et des combinaisons afin d'opérer la vie universelle.

P. P.

145. La bonne-foi (1) n'a pas le pouvoir de changer la nature des choses. Il est une question que la seule bonne-foi ne peut pas décider, c'est la vérité.

146. Je ne conçois pas qu'une élection puisse être admise, s'il y a incertitude sur les pouvoirs des électeurs nécessaires pour former la majorité.

147. La loi ne veut pas des votes chimériques, ni des votes apparens : elle veut des votes réels, des suffrages de bon aloi.

148. Ce ne sont pas des jetons, ce sont des pièces d'or pur qu'il faut jeter dans l'urne électorale. DE BERBIS.

149. Si la Chambre a l'omnipotence, en fait d'élection, elle n'a l'omnipotence que dans le cercle de ses devoirs (2). Au dessus de la puissance de la Chambre, est une puissance que nous devons tous respecter : c'est

---

(1) La *bonne-foi* est le sentiment d'une conscience *simple* et *sincère* ; elle indique ce qui est *juste* et *bon* ou l'*équité* ; elle est l'opposé du dol et de la fraude. Paul. 1. 3. in fin. ff.

La bonne-foi est ce qui fait le plus grand honneur à la nature humaine, comme dit Bacon, mais la *vérité* est ce qui la rapproche de Dieu qui est la vérité même, ce qui est immuable et éternel comme lui ; la vérité est absolue, la bonne-foi n'est que relative (*Voy. n.* 151).

(2) L'Assemblée Constituante imposa une condition, et posa une sorte de limite à l'éligibilité.

la Charte (1). Le jour où nous commencerions à nous en écarter, ce jour là, l'édifice de nos institutions et le trône lui-même seraient ébranlés (2).

150. Jamais la bonne-foi ne peut nous permettre de décider contre une disposition rigoureuse de la Charte.

Hyde de Neuville.

---

19 FÉVRIER.

151. Pour être quelque chose, (MM. les députés), il faut que vous soyez une puissance réelle, sinon vous aurez le ridicule d'être placés parmi les nullités politiques. Si donc vous voulez être un corps constitué et utile, commencez par user du droit d'empêcher qu'on introduise parmi nous des mœurs corrompues qui pourraient altérer la conscience.

152. Le premier besoin de la France, son plus grand désir et le plus cher de ses vœux est d'avoir enfin un bon système municipal. Thouvenel.

---

(1) Les Constitutions auxquelles les peuples se soumettent, et les pactes qu'ils ont délibérés, doivent leur être également sacrés, et les régir avec le même empire. P. P.

(2) Les dissolutions des gouvernemens ne résultent que des créations d'un nouvel ordre de choses ; Louis XVIII a dit, dans sa profonde politique : *A côté du besoin d'améliorer, se trouve le danger d'innover.* Ceux-là sont des brouillons ou des ambitieux, qui discutent les titres et révèlent les origines du pouvoir, afin de les combattre.

153. La vérité n'est qu'une, et la conscience n'est autre chose que le savoir qui retentit dans le for intérieur.

154. *Si le Roi savait !* m'a toujours paru une exclamation qui a autant de profondeur que de naïveté; il faudrait que la royauté, source de toute puissance, puisque d'elle seule émane toute justice, pût toujours tout savoir.

155. J'ai entendu parler, dans toute la discussion relative aux élections de la Meuse, du *Comité directeur*, de l'influence qu'il tendait à exercer sur les élections, et de celle que le gouvernement devrait bien plus spécialement avoir. Oui, sans doute, le gouvernement doit avoir une grande influence sur les élections, mais une influence toute morale. Quant au *Comité directeur*, c'est à tort que l'on a donné ce nom à des réunions, à des associations nécessaires pour échapper aux influences administratives. On s'est trouvé dans le cas de légitime défense.

156. Le ministère ne se contentera pas d'avoir seulement une majorité dans les Chambres, il voudra encore en trouver une dans la nation, car ces deux majorités sont indispensables pour que le bien que l'on veut espérer, puisse se réaliser.

157. On a dit qu'il y a des ruses innocentes et permises (1). Si l'on se jouait un jour des institutions fonda-

----

(1) C'est le *dolus an virtus quis in hoste requirat*, mais cette maxime est aussi immorale que celle qui dit : *qu'il*

mentales, on se jouerait bientôt des sermens; et où cela nous mènerait-il (1)?   DE CORDOUE.

158. Quelquefois, par la crainte de trop faire, on peut être entraîné à ne pas faire assez. DE ST.-AULAIRE.

159. L'administration dépend d'un chef; c'est ce chef qui est coupable, quand l'aministration pèche (2).
                    DE LA BOURDONNAYE.

160. On désire voir se rapprocher tous les partis, toutes les opinions sous une administration loyale, constitutionnelle, et professant les principes de l'égalité pour tous.   ETIENNE.

---

faut vivre avec ses amis, comme *si l'on devait être un jour leur ennemi.*

(1) Sous quelque forme que se cachent les causes des révolutions, elles ne sont que des abus de pouvoir. Elles sont moins à craindre là où les lois peuvent plus que les hommes; et toujours prochaines, si les hommes peuvent plus que les lois.   P. P.

(2) Avant la révolution, les mots *administrer*, *administration*, étaient vagues pour tous les Français. Dans leur acception la plus abstraite, ils embrassent tous les rapports qui lient le Gouvernement à la Nation, et la Nation au Gouvernement.

Toute prospérité est due à l'administration; toute détérioration lui doit être rapportée.

Administrateurs, et vous qui voulez l'être, méditez les écrits et la vie de TURGOT; là vous trouverez la science et l'art de le devenir, les leçons et l'exemple.

161. La France demande deux choses : des garanties pour l'avenir et une garantie pour le passé, qui sera elle-même une première garantie de ses intentions.

SAGLIO.

162. Il ne faut pas que la royauté intervienne inutilement dans ces débats. La royauté et la dynastie sont des objets tutélaires et sacrés qu'il ne faut pas sans cesse mettre en discussion à cette tribune (1).

163. Il en est de l'organisation du corps social, comme du corps humain. Souvent, pour conserver la vie, il faut faire le sacrifice de membres gangrénés, corrompus, et c'est ce que nous avons entrepris de faire. SÉBASTIANI.

21 FÉVRIER.

164. Soyons sévères pour les fonctionnaires, exigeons d'eux qu'ils remplissent leurs devoirs et les remplissent

---

(1) L'orateur répond à M. de La Bourdonnaye qui avait dit, dans la séance précédente : *quand ce ne sont plus les libertés publiques qu'on attaque*, c'est la Royauté *elle-même que je dois défendre.*

Ce langage nous rappelle celui de certaines gens qui, en 1790, s'appelaient le *parti du Roi*, sans être bien surs que le Roi fût de leur parti. Tâchons donc d'imiter les Grecs qui n'honorèrent et ne respectèrent rien plus que la Royauté légitime, puisqu'ils rapportaient à Thésée leur Roi, la fondation de leur république.

tout entiers (1), mais ne soyons ni injustes, ni injurieux.

165. Ne relâchons pas les liens de la société, qui sont la garantie du trône, n'accoutumons pas les citoyens à voir trop facilement des hommes coupables, des hommes dangereux, des hommes hostiles, dans ceux qui se présentent à eux revêtus d'un pouvoir éminemment protecteur qu'ils tiennent de l'autorité du Roi, autorité éminemment protectrice.

Prenez-y garde : une pareille attitude aurait quelque chose de bien funeste; elle tendrait à détruire toute obéissance aux lois, toute hiérarchie, tout lien social; elle vous conduirait à l'anarchie; vous êtes amis de la liberté, prenez garde à l'anarchie (2).

DE MARTIGNAC, *minist. de l'int.*

---

(1) La justice administrative ne doit être ni sollicitée, ni attendue, parce que, prononçant sur les objets qui se reproduisent chaque jour, l'attente a tout l'effet du déni.

Les administrations réfléchissent, aux yeux du peuple, les images fidèles des chefs du Gouvernement. Dans tout ce qui émane d'elles, on découvre l'esprit et les intentions de celui ou de ceux qu'elles représentent.   P. P.

(2) Le principe naturel de toute harmonie et de toute sociabilité humaine, veut que la loi soit sensée vivre dans la personne de ceux qui sont chargés de son exécution, et qu'on leur porte un respect égal à celui qu'elle commande, s'ils ne la violent pas. La loi détermine le mode d'action des hommes, comme l'homme a déterminé le mode d'action de la loi. Il faut cependant reconnaître que les principes des lois sont antérieurs à l'homme et qu'il ne fait qu'user de la faculté de les reconnaître en les appliquant.

166. L'anarchie est l'absence ou le silence de la loi. Le remède est la loi, l'exécution simple, entière et complète de la loi (1).

167. Si, en Corse, on a quelquefois eu soif de vengeance, c'est parce qu'on y a soif de justice (2).

168. Les paroles du ministre de la justice doivent avoir presque la certitude de la législation.

169. Il n'y a plus d'autre intérêt en France que de resserrer de plus en plus les liens de la fraternité, d'obéissance aux lois et de fidélité, qui doivent unir tous les membres d'une même famille.　　　Dupin *aîné*.

(Immédiatement après cette séance, M. le président d'âge, Rallier, a posé cette question : « Les députés ajournés peuvent-ils ou non voter? « M. B. Constant rappelle un précédent qui lui était personnel: il dit, en 1824 :

---

(1) Alors la royauté, portion élémentaire des Gouvernemens représentatifs, s'offre aux regards du peuple comme l'image réfléchie de sa propre puissance. Elle agit toujours et ne veut jamais, d'autant plus souveraine qu'elle est plus fidèle à la loi.　　　P. P.

(2) En 1790, au moment où elle craignait peut-être justement d'être rendue aux Gênois, la Corse fut déclarée département. En 1796, elle prouva sa fierté d'avoir donné naissance à un général qui avait illustré la patrie, en se réunissant à la république, malgré les efforts de Paoli qui, ayant reçu, autrefois, un asyle chez les Anglais, cherchait à leur témoigner sa reconnaissance au mépris de ses devoirs.

J'interrogeai M. Ravez sur cette même question; il me répondit « que je ne pouvais parler, ni voter jusqu'à ce que la Chambre eût statué sur mon ajournement.(1) » Je ne fus même admis à assister au comité secret, qui discutait l'Adresse, que par tolérance.

Cette question n'étant pas contestée, il est décidé que les députés ajournés ne pourront voter pour la nomination des président et vice-président).

---

10 MARS.

Présidence définitive de M. Royer-Collard.

(Demande de la suppression explicite des articles du réglement, relatifs à la répression des offenses commises soit envers les Chambres , soit envers les membres qui les composent).

170. Tout dépend de la Chambre, en général , et de chacun de ses membres en particulier. Notre modération, le sentiment de notre propre dignité seront notre sauvegarde (2).

171. S'il existe, comme il devra toujours exister, pour le maintien même de notre constitution, des opinions

---

(1) M. Ravez n'a pas été du même avis en 1828.

(2) Le bonheur et la liberté sont les fruits des vertus civiques; la durée des unes garantit celle des autres. La modération est la première des vertus; elle s'allie à la force , au dévouement, au courage.

différentes, ou ce qu'on nomme un corps d'opposition, nous ferons voir à la France qu'il n'existe plus de partis (1).

172. Le choc des opinions parlementaires, sagement et librement émises, ne peut qu'éclairer le pouvoir, en

---

(1) « Le choc des partis, comme le dit l'auteur de cette pensée, ébranle la puissance publique, trouble la sécurité des peuples. » Il aurait pu ajouter, que les partis sont presque toujours factieux ; mais *l'opposition*, si elle est un *parti*, offre du moins ce caractère spécial et ce but unique, absolu, de surveiller et censurer les opérations du Gouvernement. L'opposition se groupe sans cesse autour de la constitution et de la liberté pour les défendre. Ses armes sont l'éloquence et la presse.

Les Gouvernemens ne peuvent rien attendre que d'utile des oppositions organisées dans le sens de la représentation nationale, parce qu'alors dans leurs rangs ne se montrent que des lumières et des vertus. Telle fut l'opposition en Angleterre, jusqu'au moment où le Parlement parvint à l'envelopper dans son système de corruption provoqué par son ambition et sa cupidité.

L'opposition, enfin, est, en quelque sorte, une force étrangère dont les divers pouvoirs ont besoin pour se soutenir les uns contre les autres. Depuis 1789 nos asssemblées législatives ont été constamment séparées en trois parties, sous la dénomination de *côté gauche*, de *côté droit* et de *ventre*. Les fondateurs du côté gauche, furent DUPORT, membre du Parlement de Paris ; BARNAVE et LAMETH. On a dit de ces trois jeunes législateurs : Le premier pensait ce même temps qu'il entretient la confiance de la société, touchant la conservation de tout ce qui lui est cher.

173. Plus d'interpellations fâcheuses, plus d'inculpations graves, plus de soupçons injurieux... Il serait également injuste d'accuser les uns de vouloir remonter à l'ancien régime, qui n'est plus qu'un rêve, ou de revenir à la révolution qui inspire aux générations anciennes et nouvelles une si profonde horreur.

174. — Dès que le calme et l'union seront devenus le caractère de la Chambre élective, dès que, grâce à ses exemples, les esprits se seront rapprochés, les irritations extérieures seront appaisées.

175. — Les feuilles publiques, qui reçoivent bien plus souvent le ton qu'elles ne le donnent, rentreront dans une voie où la Chambre aura plus rarement l'occasion de déplorer leurs écarts. (*Cette demande est prise en considération*) (1).		BACOT DE ROMAND.

---

qu'il fallait faire ; le second le disait, et le troisième le faisait. On comptait parmi eux les CHARLES LAMETH, d'AIGUILLON, MENOU, MM. de BROGLIE ; le jeune MONTMORENCY, LA ROCHEFOUCAULT, TRONCHET, d'AILLY, LALLY, MOUNIER, TARGET, etc. etc. MAURY, CAZALÈS, le frère de Mirabeau étaient à la tête du *côté droit* ; le *ventre*, devenu depuis synonyme de *servilité*, rendit de grands services, et, par modestie, ne sut pas assez s'en prévaloir.

(1) En 1790, l'Assemblée Nationale décréta un emprisonnement de trois jours contre celui de ses membres qui l'offenserait, et dédaigna de sévir contre les journaux.

(M. de Caumartin dépose une proposition relative aux pétitions sur les élections, et prononce un discours d'où sortent les pensées suivantes) :

176. Hâtez-vous, en vous livrant de suite au dépouillement de ces pétitions, de dévoiler toutes les machinations politiques de ces ambominables doctrines à ceux à qui le Roi vient de confier le soin de sonder et guérir cette plaie morale qui s'attachait au cœur de la nation. Vous donnerez ainsi la sécurité, la confiance aux électeurs, à l'administration le degré d'indépendance et aussi la considération et le respect qui lui sont nécessaires pour opérer le bien.

177. La France, lésée depuis long-tems, dans ses intérêts les plus chers, a souffert patiemment, attendant, dans le calme du respect et de la résignation, que la bienveillance du Roi lui offrît l'occasion de manifester légalement ses vœux.

178. L'ordonnance de la dissolution de la Chambre et de convocation des Colléges, a mis enfin la France en présence du trône (1).   CAUMARTIN.

____

La Chambre des PAIRS, dans sa séance du 12 mars, et discutant les pétitions relatives aux élections, a développé des principes tout-à-fait d'accord avec ceux de la majorité de la Chambre des Députés.

____

(1) Ce qui fit le plus grand mal à Napoléon, en 1815,

15 MARS.

(*Passeports*).

179. Le système actuel des passeports a été créé par la révolution, il a été perfectionné sous la terreur, et maintenu sous le régime impérial. On ne connaissait point, avant la révolution, les passeports pour circuler dans l'intérieur.   DELESSERT.

180. Tout ce qui tend à donner des éclaircissemens sur des matières graves et importantes, doit être accueilli avec empressement par le Gouvernement (1).
DE MARTIGNAC, *ministr. de l'int.*

---

ce fut la déception dont il se rendit coupable. Voulant réveiller les vieilles institutions que notre vénération avait consacrées, quoiqu'elles ne fussent plus dans nos mœurs, il imita Charlemagne et Philippe Auguste, et convoqua le *Champ-de-Mai*. Il avait annoncé que les députés de la France y réviseraient l'acte additionnel pour prononcer ensuite pour ou contre; mais toutes les opérations de ce congrès national furent réduites à constater les votes individuels émis dans l'empire, *votes accordés, presque tous,* au besoin de conserver un emploi ou le pain d'une famille; il arriva que les électeurs ne s'y rendirent pas pour la plupart, et qu'ils renoncèrent à l'homme qui avait osé vouloir tromper encore une fois la nation.

(1) M. le ministre de l'intérieur a donné des ordres aux Préfets pour délivrer des passeports à l'étranger, et abréger ainsi les lenteurs qu'entraînent les formalités.

Diminuer une censure et une surveillance qui pèse si

(Suite de la vérification des pouvoirs).

181. La Chambre, appelée à vérifier le pouvoir de ses membres, a le droit de jeter les yeux sur les listes électorales, et d'apprécier les élémens de ces mêmes listes. La Chambre doit donc apprécier les faux élémens de cette liste, afin de ne pas se voir réduite à rendre hommage aux faux dieux, si je puis m'exprimer ainsi.   THIL.

182. On ne peut voter qu'aux lieux où l'on a son *domicile réel*, ou bien au lieu où l'on a son *domicile politique;* pour avoir son domicile réel, il faut le déclarer six mois d'avance. (*Voy.* n°. 90 et la note).

183. Tout individu peut changer son domicile réel; il suffit, pour cela de l'intention (1).

184. D'après la loi, pour le *simple particulier,* l'intention (2) peut résulter d'une déclaration ou d'un simple fait de changement de résidence; mais, *pour les fonc-*

---

odieusement sur les citoyens, ne pas les assimiler à des hommes *suspects*, relever au contraire leur dignité en ne leur supposant jamais de motifs bas, c'est d'abord honorer la morale publique, et éloigner ensuite l'idée d'une époque si odieuse que nous ne pouvons la nommer.

(1) Si en vertu du droit naturel, il est permis à chacun de changer de volonté, on peut changer de domicile.

WOLFF.

(2) Le *domicile* est une véritable *propriété.* Sans doute que dans la manière primitive d'acquérir le domaine des choses, tout étant à tous, il suffit de vivre sur les lieux

tionnaires, quel est le droit spécial ? l'art. 106 du Code Civile est positif. Pour les fonctionnaires, la translation de résidence n'emporte pas translation de domicile ; il faut qu'ils aient manifesté l'intention de changer leur domicile, il faut une déclaration à la mairie.

185. Le choix du domicile politique, doit être fait avant l'élection, car, autrement, le fonctionnaire public

---

pour y avoir le caractère de domicilié ; mais dans notre état social et de législation qui en est découlé, si une masse de faits et d'intérêts n'entourent pas l'individu, par exemple, s'il ne s'est pas marié dans un tel endroit, s'il n'y a pas sa famille, sa fortune, son commerce, emportant nécessité de demeurer, il n'y a pas domicile. Et, dans tout autre cas, il faut plus que *l'intention*, il faut une déclaration, déclaration qui matérialise, détermine l'intention. *Et adepiscimur possessionem corpore et animo*, dit le jurisconsulte Paul, *neque per se corpore, neque per se animo*. d'où il résulte que *l'intention* n'entre pour rien dans le véritable sens du mot *posséder*, parce que l'on ne peut pas supposer que la volonté se porte à tenir une chose comme bien propre, au sujet de laquelle le jugement n'a pu faire aucun choix. La déclaration, les alliances, le transport de tous les intérêts, la famille, sont ce jugement. De là sont sorties les trois distinctions de domicile : le *domicile*, proprement dit, qui est l'habitation fixée dans quelque lieu, dans le dessein d'y demeurer toujours ; le *domicile naturel*, celui que l'on a par sa naissance dans le lieu où son père est domicilié ; et le *domicile choisi* ou *adopté*, celui que l'on se fait par sa propre volonté. Le *domicile politique* se rattache à un autre droit relatif aux droits du citoyen.

aurait deux privilèges : Le premier, c'est qu'il pourrait, à son gré, au moment des élections, abandonner son domicile politique, et voter au lieu de sa résidence; le second, c'est qu'il y aurait trois départemens où il pourrait voter (1).

186. Vous êtes juges du fond de l'élection, vous devez juger si les parties étaient capables ou incapables.

187. Si vous laissez l'autorité judiciaire ou administive juger les élémens dont se compose la vérification des pouvoirs, il en résultera une espèce de collision (2). La Chambre se trouvera être le produit d'une autorité placée au‑dessus d'elle.

188. La femme ne donne pas de domicile au mari.

MAUGUIN.

189. La Chambre élue doit seule et exclusivement vérifier les pouvoirs de ses membres.   PATAILLE.

190. Je ne serai jamais d'avis que la Chambre se

---

(1) A Rome on n'avait point le droit de voter dans une tribu si l'on n'y était inscrit. Pendant long-tems le peuple y donna ses suffrages de vive-voix, mais l'an 615, la loi *Gabinia* abrogea cet usage, parce qu'on avait reconnu que les suffrages n'étaient pas libres. Pour soustraire donc le peuple à l'influence des grands, on lui remit deux *tabellas* ou bulletins de bois ou de toute autre matière, fort étroits, sur lesquels il écrivait le nom des candidats.

(2) C'est-à-dire, choc de deux corps; mais en établissant un conflit qui ne doit pas exister entre un tribunal supérieur et un tribunal inférieur.

mette soit à la suite de l'administration, soit à la suite de qui que ce puisse être. RAVEZ.

191. C'est une tactique employée dans toutes les assemblées délibérantes, lorsqu'on voit qu'on ne peut emporter, de force, une question, et que les opinions, et surtout les opinions qui ont pour base la bonne-foi, se forment et se déclarent, de chercher à compliquer les difficultés, et à faire naître des doutes (1), en supposant que la chose n'est pas assez éclaircie.

192. Si vous attendez une décision judiciaire, un tribunal, composé de trois juges, sera plus puissant que l'auguste Aréopage que j'ai sous les yeux. (Voy. n°. 186). (2). DUPIN *aîné*.

---

17 MARS.

195. L'on peut dire que les candidats ministériels (5).

---

(1) Dans ce cas le *doute* ne serait pas celui qui a fait la réputation de l'Académie d'Athènes, et fait dire à Montaigne, *que sais-je* !.... Ce serait ce doute qui est le père de la *controverse* et en est inséparable. Ce serait ce doute que des personnes cherchent à mettre à la place de la certitude, ce doute enfin, comme l'ont dit les anciens, qui *rend la foi infidèle*. Le véritable doute est celui qui naît d'une égale force de raisonnemens pour et contre, sans qu'on puisse décider lesquels l'emportent.

(2) Ces principes, qui ont été émis à l'occasion de M. Garnier-Dufongeray, élu par le département de St.-Malo, ont produit l'annulation de sa nomination.

(3) Par l'acception de *ministériel* on entend ceux qui

ont été nommés à l'aide de la fraude, et les candidats de l'opposition malgré la fraude.

194. La nécessité d'écarter les suffrages frauduleux, résulte de l'appréciation des élémens de probabilité (1), puis qu'il nous faut, non pas une majorité postiche, nfais une majorité visible et démontrée.

195. Nous ne devons, en effet, recevoir, ici, que ceux que nous envoie le vœux national formellement exprimé par l'organe légal de la majorité bien connue des colléges électoraux (2). MARCHAL.

(M. le vicomte de Conny, député de l'Allier, avait adressé à la Chambre un projet de loi, conçu dans ces termes :)

« Tout député, auquel il sera conféré une place ré—
» tribuée, cessera, par le seul fait de son acceptation,
» de faire partie de la Chambre; mais il pourra y être
» réélu. »

---

sont entièrement dévoués à la religion des ministres.

(1) La *probabilité* est l'une des questions les plus déli-cates; elle a occupé tous les moralistes et les législateurs. Sa définition se réduit à ceci : *la probabilité* est ce qui est vu par tout le monde, par le plus grand nombre, ou par les sages. Voy. le beau mémoire du président Dupaty, pour sept hommes condamnés à mort par le parlement de Metz.

(2) S'il en était autrement les députés, *imposés*, ou illé-gaux, ne seraient plus, pour les députés légaux, que des *adversaires* et non pas des collégues. Sieyes disait en effet, dans la séance du 15 juin 1789, à l'occasion de la vérifica-tion des pouvoirs : « dans la question présente, les formes

« Sont exceptés, de cette disposition, 1°. les députés
» qui seraient élevés aux fonctions de secrétaires-d'état;
» 2°. les députés qui, appartenant à l'armée de terre
» ou de mer, recevraient de nouveaux grades. »

196. Le besoin le plus absolu d'un corps politique
est dans la considération des peuples; c'est dans ce sentiment qu'il trouve sa force et sa puissance morale toute
entière.

197. De trop grands pouvoirs sont conférés aux députés; ils exercent une action trop puissante sur les
destinées de leur pays, pour qu'ils puissent penser en
présence d'intérêts aussi immenses, à leur situation individuelle (1).

198. La servilité est rare dans notre patrie; ce n'est
point là sa terre natale. Repoussée par nos mœurs, elle ne

---

tiennent au fond, et doivent le précéder. Tous les députés
présumés, ont le droit de se demander l'un à l'autre : Qui
êtes-vous?.... D'après les principes soutenus, jusqu'à ce
jour dans cette chambre, la différence entre les députés
vérifiés, et ceux qui ne le sont pas, est telle, que nous ne
pouvons reconnaître pour *vrais représentans*, que ceux
qui ont été soumis à une vérification ...»

(1) Il en devrait être ainsi sans doute, mais malheureusement nous venons de voir que tous les députés n'appor-
tent pas un zèle égal à remplir, au jour le jour, leur mission, et cela est prouvé par la proposition de M. B. Constant,
tendante à ce qu'il soit fait mention dans le procès-verbal
de chaque séance, du nom des députés absens. A cette occasion, nous croyons devoir rappeler à MM. les députés, et

peut être de longue durée : elle reçoit de l'opinion des peuples un trop légitime et trop sévère châtiment.

199. Il importe de désarmer la calomnie, puissance re‑doutable, dont les atteintes sont cruelles. Elle le sera lors‑qu'on ne pourra plus supposer aux défenseurs du pouvoir d'autres pensées que celle de l'accomplissement des de‑voirs imposés par leur conscience (1).

200. La liberté expire dès que le pouvoir n'est pas respecté !

201. Si les promotions des députés ne devenaient plus rares, une puissance morale d'une influence immense serait donnée à l'opposition.

---

pour fortifier la proposition de M. B. Constant, ces paroles de M. Sieyes dans son discours prononcé le 15 juin 1789. « La nécessité de se mettre *en activité*, doit prendre le ca‑ractère d'un devoir rigoureux ; et s'il était possible qu'il se trouvât parmi nous (députés) des hommes qui voulussent rejeter cette conséquence, je leur dirais : Osez donc vous montrer conséquens, d'une autre manière ; retournez vers vos constituans, leur apprendre qu'ils se sont trompés en vous honorant de leur confiance ; car une honteuse inac‑tion n'a jamais pu être l'objet des pouvoirs que vous avez reçus. Jamais ils n'ont pu avoir l'intention de se nommer des représentans chargés de ne rien faire. »

(1) M. de Conny avait dit, précédemment : « Il importe de détruire en France, ce préjugé vulgaire qui place la servilité là où l'on défend le pouvoir.» J. J. a dit : «*L'argent* » *qu'on possède est l'instrument de la liberté, celui qu'on* » *pourchasse est celui de la servitude.* »

202. Dans une nation spirituelle où la disposition à fronder (1) le pouvoir fut à toutes les époques un des traits distinctifs de son caractère; nulle puissance ne détruira jamais le charme secret qui l'attache à l'opposition.

203. L'esprit d'oppostion va remuer au fond des cœurs ces dispositions natives qui ne sont pas celles de la bonté : Il excite cette verve satyrique, et fait naître ces saillies si vives et si spirituelles qui semblent être l'attribut distinctif de la conversation française; et dans une nation où les salons sont une puissance où l'on cherche par dessus tout ces mots heureux, ces traits acérés qui assurent le succès et donnent à l'esprit de l'éclat et de la célébrité, on peut dire que, dans un tel pays, l'esprit d'opposition sera, en quelque sorte, sinon de droit, au moins toujours d'usage français.

204. La réputation du député n'est point sa propriété individuelle; elle appartient toute entière au pays, au pays qui la réclame comme une nécessité pour faire le bien...

205. Le pouvoir aura toujours en France une puissance morale qui tient au caractère distinctif d'une nation appelée à de si grandes destinées. La France est

---

(1) la *critique* porte dans la politique presque les mêmes armes que dans la littérature. Ici elle dénonce les délits contre le goût ; là elle dénonce ceux contre le droit et la justice. Partout elle veut qu'on respecte les règles, et toujours elle attaque par le ridicule. Il faut se méfier de son rire : il est presque toujours le signe assuré de sa colère.

monarchique par essence : nul peuple ne possède à un plus haut degré le génie, je dirais presque l'instinct monarchique; mais il faut que le pouvoir, pour exercer cette influence, soit fidèle à la loi française, à la loi de l'honneur.

206. L'honneur est le meilleur moyen d'empêcher l'abus de la puissance, parce que si, lorsqu'elle franchit les limites naturelles, il ne lui oppose aucune résistance proprement dite, cependant il l'arrête d'une manière encore plus certaine en refusant de consentir à ce qu'il ne pourrait accorder sans honte, car l'honneur est alors l'expression de la confiance publique. DE CONNY.

(Proposition de M. B. Constant, tendante à supplier le Roi de proposer une loi qui abroge l'art. 4 de la loi du 17 mars 1822, sur la CENSURE FACULTATIVE. Les développemens ont été présentés dans le comité secret du 13 mars).

207. Qu'est-ce que la censure? Une autorité exercée par quelques-uns sur la manifestation de l'opinion de tous (1).

---

(1) On voit par cette définition, que le mot a bien changé d'acception depuis l'an 310 de Rome, époque à laquelle la censure y fut instituée. Les censeurs n'étaient autre chose que des *magistrats des mœurs*, chargés de faire le dénombrement des citoyens et de leurs biens, de veiller à la construction des édifices publics, à la levée des impôts, etc. Ils juraient de ne rien faire par haine ou par faveur, mais de suivre en tout les règles de l'équité. Avant

Pour admettre qu'elle puisse jamais être utile, il faut supposer que ceux auxquels elle est confiée, sont plus éclairés que ceux sur lesquels elle s'exerce.

208. Le monopole du pouvoir n'implique pas celui des lumières.

209. Entre quelles mains la censure est-elle remise nécessairement ?.... C'est à des agens subalternes, portion la plus basse de la classe lettrée, dont les sommités sont ce qu'il y a de plus respectable, et les rangs infimes ce qu'il y a de plus abject; à des hommes qui, n'ayant obtenu par leurs propres écrits ni considération,

---

notre révolution, nous eûmes des *censeurs royaux* dont les fonctions étaient différentes, et l'empire, en 1808, qui devait renchérir sur toutes les tyrannies de l'arbitraire, fit des *censeurs* autant de visirs chargés d'interdire ou de mutiler les productions du génie. Le cabinet des censeurs était une véritable *chambre ardente* où tout homme de talent soupçonné d'une *allusion*, reconnu *pensant trop fortement*, était condamné comme ennemi du prince et de l'état. Il planait sur tous ceux qui se livraient aux lettres une suspicion qui fesait de chacun d'eux autant d'ennemis, et un conspirateur de tout homme de génie. Malheureusement, à cette époque, on ne jugea pas qu'il y eût beaucoup de conspirateurs. « Mais ces magistrats littéraires, qu'on nomme *censeurs*, dit un écrivain contemporain, auront-ils donc chacun plus que du talent et du génie? — Non, leur ministère n'en exige pas. C'est assez qu'ils aient juste ce qu'il faut d'esprit et de vagues connaissances pour humilier un penseur profond, un savant illustre, un littérateur du premier ordre. »

ni succès, se sont mis, par besoin, au service de l'arbitraire; par rancune, en hostilité contre le talent; gen-
darmerie littéraire, astucieuse comme le sophisme, bru-
tale comme la force, renfermée dans les casernes de tous
les despotismes pendant les trop courtes apparitions de
la liberté, mais en disponibilité permanente à chaque
réapparition de la tyrannie (1).

210. Les ministres sages n'en ont pas besoin.... La
censure est uniquement l'arme des mauvais ministres.

211. Plus on a besoin de l'esprit national, moins on
doit recourir à la censure qui le tue ou l'irrite.

212. Les troubles intérieurs ne l'excusent point. Il est
insensé de refouler l'irritation dans les âmes, de la déguiser
au gouvernement qui doit y porter remède, d'entourer
ne gouvernement de ténèbres, quand la vérité lui importe le plus.

213. La liberté donne du calme; la servitude, quand
elle ne dégrade pas, soulève et révolte (2).

---

(1) Mais celui qui humiliait sa plume jusqu'aux basses
flatteries; qui souillait son nom par de complaisans men-
songes, trouvait, par l'intermédiaire de ces hommes, protection auprès des dispensateurs des places et des cordons....
En France celui-là sera toujours honoré, qui répétera ces
mots sublimes d'une conscience incorruptible : *Qu'on me
ramène aux carrières.*

(2) L'esclave dégradé reçoit comme une faveur insigne
tout le mal qu'on veut bien ne pas lui faire; celui qui ne
l'est pas, vole au mont Aventin.

214. Les lois suffisent quand le pouvoir les invoque, au lieu de les suspendre ou de les pervertir.

215. Nous ne sommes pas envoyés dans cette enceinte simplement pour voter ou rejeter les lois; nous avons encore une autre mission : nous devons éclairer, si nous le pouvons, le Gouvernement, suivant nos lumières.

216. La franchise des paroles annonce la loyauté des actions (1).

217. Une bonne législation, sur la presse, comprend et assure toutes les destinées de l'espèce humaine.

218. La presse est la parole, c'est-à-dire, l'intelligence de l'homme se multipliant d'une extrémité à l'autre du monde civilisé; la presse est la lumière éclairant à la fois les sommités de l'ordre social, et descendant jusque dans l'obscurité des cabanes pour en faire sortir le cri de l'opprimé; la presse est la communication facile et salutaire d'un peuple loyal avec un Roi juste.

B. CONSTANT.

219. En toute discussion, il faut remonter au principe; c'est le plus sûr moyen de ne pas s'égarer dans les conséquences.

220. Le propre de tout bon Gouvernement, mais surtout le caractère essentiel du Gouvernement représentatif, c'est que les institutions ne soient pas abandonnées aux caprices instables et passionnés des hommes qui exercent le pouvoir; mais que tout y dépende des lois, et que ces lois soient constamment d'accord avec le pacte fondamental.

---

(1) Allusion au rapport de M. le min. des fin.

221. Quand on brise soi-même ses propres appuis, il faut tomber.

222. Sentinelle vigilante (la presse), c'est elle qui crie : *qui vive* à tous les abus, à toutes les usurpations.

223. La presse guérit les blessures qu'elle fait.

224. Moins on écrit, plus on pense, plus on murmure, plus on agit... C'est ordinairement par l'incendie de leur capitale, que les sultans apprennent que le pain est trop cher ou que le soldat n'est pas payé!

225. Il y a deux moyens de mettre notre législation en harmonie avec la Charte : L'un consistera à porter les lois organiques dont elle renferme la promesse, et à la tête desquelles je place celle sur la *responsabilité des ministres*, pour qu'elle cesse enfin d'être illusoire; le *régime municipal*, puisqu'on avoue que ce n'est qu'une restitution à nous faire (1); et l'*éducation publique*, qui réclame notre puissant appui : C'est à cela que nous travaillerons avec sagesse et maturité, mais aussi avec une constance indéfectible, avec une persévérance dont rien ne saurait nous distraire, et que rien ne pourra lasser.

─────────────

(1) Ce fut Louis-le-Gros, non pas qui *établit*, mais qui *vendit* aux habitans des villes et des bourgs de son domaine, le droit naturel, le *droit de commune*, ce droit en vertu duquel les membres de chaque commune purent s'assembler, délibérer, se gouverner, et veiller à leur sûreté.

Les communes s'administrèrent elles-mêmes comme de petites républiques, sous l'autorité du Gouvernement

L'autre moyen... c'est de débarrasser au plus vite la Charte-Constitutionnelle des lois qui lui sont manisfestement contraires : au premier rang la *censure facultative.*

226. *Censure et liberté de la presse* sont incompatibles.

227. On n'oserait plus venir nous dire aujourd'hui que *prévenir* est synonyme de *réprimer*.

228. La censure est comme la mort : elle compose à elle seule un système complet (1).

229. C'est avec ces mots : *circonstances graves* qu'on a effrayé l'imagination des faibles et fait illusion à des législateurs.

---

(1) « En ce point, dit M. Daunou dans son exellent ouvrage sur les libertés individuelles, en ce point, les Gouvernemens tyranniques ont fait plus qu'imiter les malfaiteurs vulgaires : ils ont inventé un genre de violence dont ils n'avaient presque trouvé aucun exemple dans le cours des iniquités privées. Ils ont prétendu asservir la plus indépendante des facultés humaines, celle qui nous rend industrieux et capables de progrès, celle qui meut et dirige tous les autres. Certes, on appartient dans ce qu'on a de plus personnel et de plus intime au maître par qui l'on est empêché de penser et de dire ce qu'on pense. Il n'y a pas d'esclavage plus étroit que celui-là ; aussi faut-il, pour y réduire un peuple, l'avoir auparavant, à force de vexations et d'artifices, plongé dans une ignorance extrême, et presque dépouillé de ses facultés intellectuelles dont il ne doit plus faire usage. S'il les conserve ou s'il les recouvre, il sentira le joug et s'efforcera de le secouer. »

5

.23o Des hommes habiles ont affirmé que de grands crimes n'auraient pas été commis à certaines époques dont nous déplorons le funeste souvenir, si la presse eût été libre.

23x. Ce ne fut point le courage de s'opposer au crime qui manqua jamais aux écrivains et aux gens de lettres; c'est la liberté de se faire entendre qui leur fut trop souvent refusée (1).

232. En France, et avec notre forme actuelle de gouvernement, la liberté de la presse est désormais *une né-cessité*.

233. Il faut en user pour la censure comme pour les *armes prohibées*, dont la justice ordonne la destruction, lors mêmes qu'elles sont saisies sur d'honnêtes gens qu'on sait incapables d'en abuser.

234. Quittons le *déplorable système* des lois d'exception, pour nous en tenir désormais à la règle.

Dupin aîné.

---

(1) La liberté des opinions n'existe pas si elle est restreinte par la condition de ne rien dire que de vrai ou d'utile; à plus forte raison si l'on établit des doctrines qu'il ne sera pas permis de contredire, si l'on en signale d'autres qu'il sera défendu de professer, ou bien encore si, sans prendre la peine de faire aucune de ces déclarations préalables, on investit des juges du droit de condamner selon leur bon plaisir des pensées qu'aucune loi n'avait prohibées.

Daunou. (Gar. Indiv.)

22 MARS.

(COMMISSION DES PÉTITIONS).

Pétition des membres de la Légion d'honneur, créée le 29 floréal an X (19 mai 1802).

235. Le devoir de faire justice impose de la circonspection aux émotions les plus généreuses (1).

236. Les rigueurs ne prescrivent point les droits acquis.   MAUGUIN.

237. Il faut bien examiner si, à côté du droit de donner, se trouve aussi le droit de prendre.

238. C'est la nature de l'impôt qui détermine son importance; la richesse ne provient point de l'immoralité (2).

239. Une civilisation avancée a des inconvéniens qui lui sont propres. Partout l'homme trouve à chaque pas les bornes de sa puissance, et partout, quoique l'on fasse, il aura toujours à se résigner. Le jeu, n'importe son objet et sa forme, est toujours coupable; la société

----

(1) Sans doute : avant d'être généreux, il faut être juste.

_ (2) Rapport embrassant des pétitions sur les abus relatifs à *l'agiotage de la Bourse;* au *jeu, sur les marchandises; aux maisons de jeu et aux loteries; enfin, aux prêts faits par le Mont-de-Piété.*

le réprouve, et la morale s'en offense. Mais pour le faire disparaître, il faudrait qu'il n'y eût pas de hasard dans la nature; la question toute entière, n'est donc que dans le choix entre ce que l'on peut punir, et ce qu'on est forcé de tolérer (1).

240. Le jeu de la Bourse et celui des loteries ne peuvent avoir qu'un résultat, celui de faire perdre à l'un ce que l'autre gagne, de *déplacer* au lieu de produire, c'est-à-dire, de rendre nulles la valeur de l'homme et la valeur des capitaux.

241. L'homme qui travaille est récompensé par l'estime, le joueur est flétri par la honte ou par le mépris.

242. Tant qu'il y aura des existences oisives, il y a disposition à tenter les chances du hasard.

243. Jusqu'à ce qu'on ait absorbé, en l'occupant, toute l'activité superflue de la société, il y aura toujours des joueurs.

244. Chaque jour on reconnaît davantage que le travail est le principe et le but de la société, en même tems qu'il est le moyen le plus certain d'indépendance et de considération pour les individus. Les premiers hommages ne sont plus pour les titres ou la fortune, ils appartiennent à la dignité de l'honneur et à son utilité.

LAFFITTE.

---

(1) De toutes les passions qui tourmentent le plus violemment la nature humaine, il n'en est pas de plus universelle que celle du jeu. Il semble qu'elle se soit particulièment fixée, cependant, dans les pays froids pour en réveiller les habitans engourdis, mais sans déserter toute-

245. Faisons disparaître de l'état social, autant que l'humanité puisse le faire, les funestes chances du hasard. Le hasard est la divinité des barbares qui lui dressent des autels, qui lui sacrifient des victimes et qui l'adorent sous le nom de Fortune ou sous celui du Destin.

246. L'impôt est d'autant meilleur qu'il laisse le mieux et le plus complètement, aux particuliers, les sommes qui ne sont pas indispensables aux besoins du trésor public.
Ch. Dupin (1).

(*Pétition sur la contrainte par corps*) (2).

247. Le but principal de la contrainte par corps n'a

---

fois ni la zône torride, ni les climats tempérés. Chez les nations les plus civilisées, comme chez les peuples les plus sauvages, partout elle exerce son inévitable empire. Le tableau que fait le savant Gibbon de l'universalité de la passion du jeu est affligeant. Nous conseillons de lire l'ouvrage qu'elle a dicté à Barbeyrac, et celui de Moore sur le suicide, le jeu et le duel.

(1) M. Ch. Dupin a terminé son discours en disant : « Je vous déclare que, dès cette session, je proposerai positivement l'abolition des loteries et maisons de jeu dans toute la France, et j'ose espérer qu'il me sera facile d'indiquer d'abondantes ressources d'un revenu recouvrable avec plus d'économie et moins de péril pour les mœurs de la population française. »

(2) M. Duclosel d'Annery a publié, en 1788, un ouvrage très digne d'être consulté, intitulé : *Abus et Dangers de la Contrainte par Corps.*

pu être que de fournir des garanties au commerce, de déterminer sa confiance et, par là, de faciliter son développement. Mais le commerce, qui civilise tout, a-t-il besoin, pour sa sûreté, de recourir à des moyens qui rappellent les temps de la plus grande barbarie (1)?

248. — Les besoins du commerce ne réclament point l'excution de la contrainte; elle ne s'exerce qu'au profit de l'usure contre les malheureux pères de famille, ou quelques jeunes imprudens. LAFFITTE.

(Pétition tendante à diminuer la fixation des patentes).

249. Tout impôt qui ne porte pas sur la consommation ou sur le revenu, est fort difficile à établir. Comment apprécier en effet, ce que peut produire le travail?

250. Il faudrait, pour cela, se constituer juge de l'intelligence et des événemens. Il y a sympatie entre le producteur et le consommateur; à mesure que nous avançons, ils se rapprochent davantage, et il ne faut pas s'en affliger, puisque la société s'organise au profit de tous, et non au bénéfice de quelques-uns. LAFFITTE.

---

(1) Les Etats-Unis et l'Angleterre, qui sont au haut de l'échelle commerciale, ont aboli l'incarcération pour dettes.

LAFFITTE.

22 MARS.

(Pétition tendante à rendre l'administration des postes responsable des LETTRES CHARGÉES) (1).

Le privilége (2) ne laisse pas le choix à la confiance; l'état impose ses agens, la justice et l'équité veulent que l'état réponde.

251. Le principe généralement reconnu, en économie politique, est qu'on doit favoriser la concurrence pour obtenir le meilleur travail et le plus bas prix. Il est aussi un autre principe, également reconnu, qui veut que le gouvernement fasse ce que les particuliers ne feraient pas aussi bien que lui, et leur abandonne ce qu'ils peuvent faire mieux que le gouvernement.

---

(1) L'obligation de *charger* des lettres renfermant du *papier-monnaie*, et soumettre ce chargement à un droit, établit un *privilége;* ce privilége n'emporte-t-il pas *responsabilité*, et ne pourrait-il pas être supprimé?

(2) On peut dire que tout *privilége* est un *abus*, ce que tout gouvernement qui n'aspire pas à violer ou à refuser toutes les garanties nécessaires, n'a pas intérêt à perpétuer celui dont il est ici question. La première tâche rigoureuse des gouvernemens est d'écarter tout et qui retarde ou embarrasse. Il entre donc dans l'intérêt de leur politique de ne laisser jamais soupçonner que les intérêts des particuliers ne soient pas pleinement assurés pour qu'on ne soupçonne pas que l'intérêt public périclite.

252. Il faut distinguer entre des *services publics*, et des opérations de simple industrie.

253. Le transport régulier (des lettres), constant, non interrompu, est un service réel, dans l'intérêt de tous, qu'il serait imprudent d'abandonner aux vicissitudes des combinaisons individuelles.   LAFFITTE.

(Pétition tendante à borner l'emploi des machines aux travaux qui mettent la France en concurrence avec l'é-tranger).

254. Le problême social, on le sait, est de procurer à tous la plus grande somme de jouissances matérielles, intellectuelles et morales, et tous les moyens doivent être employés pour cela. Produire et transporter voilà toute l'économie politique. Ce qui coûte le moins, et ce qui va le plus vite est donc ce qu'on préfère; et l'inventeur de la charrue est le premier bienfaiteur du genre humain.   LAFFITTE.

(Vérification des pouvoirs).

255. Tandis qu'on disait à la Chambre que rien ne pouvait disputer son pouvoir; qu'en le discutant, elle l'exerçait; qu'elle prouvait que c'était un fait, tandis qu'on agitait si c'était un droit; la Chambre a répondu en n'appuyant ses jugemens que sur la légalité.

256. Tandis qu'on lui disait qu'elle devait ambitionner ou redouter l'opinion publique, la Chambre s'est montrée peu empressée de la courtiser ou de la craindre; elle a fait ce qui était digne d'elle, elle l'a respectée.

                    DE SESMAISONS.

257. L'incapacité n'admet point de réfutation.

Dupin aîné.

———

25 MARS.

Projet de loi *sur la révision annuelle des listes élec-*
torales et du jury (1).

258. Les débats qui ont marqué l'ouverture de cette
session, ont achevé d'éclairer la Chambre sur le besoin
pressant de prévenir le retour des graves inconvéniens
qui ont signalé les dernières élections, en donnant à cette
partie de notre législation plus de force et de clarté.

259. Il faut, non-seulement, que tous les droits
soient garantis, que toutes les voies régulières soient ou-
vertes à la vérité, et que les fraudes soient rendues im-
possibles : il faut encore que ces précautions et leur efficacité soient comprises et reconnues (2). Il faut que

———

(1) Voyez pour la formation des listes électorales, les
lois des 5 février 1817, 29 juin 1820, 2 mai 1827.

(2) Le principe ayant consacré le caractère obligatoire
absolu de la loi, dès qu'elle est promulguée, puisqu'il est
égal de la connaître ou de l'avoir pu connaître; *idem est*
scire leges aut scire potuisse, il est de la dernière évidence
rationnelle, que toute loi doit être *nécessaire, efficace,*
prévoyante; qu'enfin elle soit si juste et si sage, qu'il suffise
de la voir pour être forcé de la *reconnaître.* Les bonnes
lois sont *reconnues* d'avance.

l'administration soit placée au-dessus du soupçon, et que la malignité soit contrainte de s'arrêter devant l'évidence de la bonne-foi et l'ascendant de la vérité.

260, Le vœu de la loi, nous ne saurions l'oublier, est que tous ceux qu'elle a désignés, et ceux-là seulement soient appelés à prendre part, soit aux élections, soit aux jugemens des affaires criminelles.

261. Cette intervention est à-la-fois un gage de sécurité pour les citoyens et une garantie pour l'administration elle-même, qui ne peut avoir qu'un but, celui d'exécuter la loi de bonne-foi, et qu'un désir, celui que sa loyauté ne soit pas soupçonnée.

262. La loi peut assurer, autant qu'il est en elle, les moyens d'acquérir les preuves, mais elle ne saurait dispenser de les produire.

263. Nous dirons aux principaux fonctionnaires des départemens : Administrez selon les lois ; veillez avec fermeté et impartialité aux intérêts qui vous sont confiés ; réprimez les abus avec courage, de quelque part qu'ils viennent et sous quelque appui qu'ils se présentent. Faites respecter l'autorité royale, mais faites-la bénir en la montrant partout ce qu'elle est réellement. — Répondez à tout par des actes de justice et de sagesse. — Ne cédez jamais aux menaces, mais ne repoussez pas les avis salutaires....

264. Quand le moment (des élections) sera venu, l'administration dira à ceux qui doivent exercer le droit que la Charte leur donne, et dont il leur aura loyalement assuré l'exercice : Aidez-nous à consommer notre ouvrage ; choisissez un homme sage, ami sincère de nos

institutions; que cet homme soit fidèle et dévoué au Roi bienfaisant et généreux dont toutes les pensées et tous les vœux ont pour objet le bonheur de son peuple. Voilà nos instructions, voilà notre devoir. — Il serait bien malheureux que ce fût là une illusion; mais il me semble que, dans notre pays, un tel langage doit obtenir quelque crédit et quelque influence.

DE MARTIGNAC, min. de l'intér.

265. A côté du sceptre s'élève la main de justice, et la plus belle de toutes les prérogatives de la royauté, comme la plus sacrée de toutes les obligations qu'elle impose, consiste à procurer à tous une application exacte des lois aux droits et aux intérêts de chacun. C'est dans ce sens que toutes les juridictions découlent du trône; c'est dans ce but que les tribunaux sont institués.

266. — L'application des lois n'est pas toujours sans difficulté, parce que le sens, que leurs expressions renferment, est quelquefois, à cause de leur concision même, équivoque et douteux. Il devient nécessaire alors de les interpréter (1).

-----

(1) *Interpréter*, c'est expliquer une chose obscure ou douteuse. L'interprétation des lois doit se faire par leur origine, parce que la raison de toutes choses est dans leur principe. *Gaïus*, (*l.* 1. *de orig. jur.*) veut qu'on remonte à la fondation de Rome; il faut remonter à Dieu ou à la vérité, ce qui est la même chose.

L'interprétation exige *prudence* et *autorité* : Prudence, c'est-dire, le souvenir et l'habitude des affaires : *Au-*

267. Il devient démontré pour tous les esprits qu'il y a insuffisance ou obscurité invincible dans la législation existante (sur le jury).

268. Maintenant, ce n'est pas parce que le Roi seul, parmi nous, propose la loi; parce que, seul, il la sanctionne et la promulgue, qu'on l'en reconnaît l'interprête; c'est comme source première de toute justice (1).

269. Un procès suppose toujours une loi antérieure,

---

torité, c'est-à-dire, cette vénération qui nous a été conquise par la prudence, l'impartialité, et le désintéressement.

En matière de lois toute interprétation qui n'est utile ni pour les tribunaux, ni pour l'usage journalier est inutile, pernicieuse.

Il faut toujours éviter toute interprétation subtile et s'écartant du fait.

Dans les cas douteux, il est aussi juste que prudent de suivre l'interprétation la plus favorable, car au défaut de la loi, c'est l'équité qu'il faut consulter.

Dans quelque interprétation que ce soit, il ne faut ni torturer la loi pour la faire coïncider avec le fait, ni dénaturer le fait pour le faire cadrer avec la loi; car, si l'on torture la loi, il y a fraude, et, si l'on change le fait, il y a mensonge.

(1) Dans un gouvernement représentatif bien organisé, l'interprétation de la loi devrait être confiée à une partie du corps législatif, car rien n'est plus vrai que ce principe, que c'est à celui-là qui fait la loi, qu'il appartient de l'interpréter, *ejus est interpretari leges, cujus est condere*. Sans doute le prince est la source première de toute justice,

dont le texte fournit à-la-fois des armes à l'attaque et à la défense judiciaire.

270. La loi, et les ordonnances du Roi rendues pour son exécution, peuvent seules lier les juges ; les arrêts des cours les éclairent sans doute, mais ne les obligent pas. On n'a jamais admis comme un moyen de cassation la violation de la jurisprudence.

PORTALIS, *minis. de la just.*

(Rapport de la commission chargée d'examiner la proposition de M. Bacot de Romand).

271. Abréger un discours, passer sous silence, dans l'analyse qu'on en présente, quelques-uns de ses passages essentiels, le supprimer même entièrement, c'est tout au plus inexactitude.

272. La loi ne punit pas l'inexactitude, même volontaire ; elle n'atteint que l'infidélité.

273. La commission croit que la dignité de la Chambre consiste à dédaigner de vains outrages plutôt qu'à les poursuivre ; à y démêler ce qu'ils peuvent contenir de vérité plutôt qu'à leur imposer silence ; enfin à encourager l'usage des libertés légales plutôt qu'à les enchaîner.

---

puisque c'est lui qui domine les lois pour en surveiller l'exécution ; mais de ce qu'encore il a l'initiative des lois, qu'il les sanctionne et les promulgue, fait-il les lois ? Interpréter, n'est-ce pas faire une loi ; puisque c'est mettre du *positif* à la place de ce qui est obscur et insuffisant ; ou ne dit rien ?

174. Un sentiment intérieur de convenances, une sorte d'instinct de dignité, avertit chacun des membres d'une grande assemblée, qu'elle ne doit pas faire d'une question dont l'intérêt pourrait ne paraître relatif qu'à elle seule, l'objet de ses discussions (1).

275 La délibération solemnelle et publique d'un des grands corps de l'état porte en elle-même un caractère de gravité qui s'oppose à ce qu'on puisse en rabaisser l'usage à des objets qui n'auraient pas un rapport direct et incontestable avec le seul but légitime que ces délibérations puissent avoir : l'utilité générale.

276. Il n'y a que ce qui est vrai qui fasse une impression durable sur l'esprit public, et ce qui est faux n'y laisse que des traces fugitives et promptement effacées. — Tout le monde sent que les traits bien dirigés sont les seuls qui blessent et dont on cherche à se venger : Tout le monde sait aussi que l'injure n'est pas effacée par la condamnation de son auteur, surtout quand cette condamnation, c'est l'offensé qui la prononce (2).

---

(1) On ne peut contester l'influence des journaux sur l'opinion ; l'on finit toujours par persuader ce que l'on répète tous les jours. En 1789, le journal de Paris fut dénoncé à la Chambre de la noblesse, *comme rendant un compte inexact de ses séances;* on proposa d'en demander la suppression, et la sagesse de la décision est remarquable : Cette proposition fut rejetée *comme contradictoire* aux cahiers de la noblesse qui demandaient la liberté de la presse.

(1) Ces jugemens là sont même toujours poursuivis par

277. Les abus journaliers de la presse sont l'inconvé-
nient inévitable de la liberté, et qu'explique, sans les
justifier, la dissidence des opinions.

278. La Chambre ne doit chercher de sauve-garde
contre la calomnie, que dans la loyauté de ses intentions,
dans la prudence et la modération de sa conduite, dans
l'indépendance et la rectitude de ses jugemens; sa considération, ainsi que sa puissance, est dans la persuasion
et non dans la force; il lui appartient de convaincre et
non de punir.   GAUTIER.

---

29 MARS.

(Commission des pétitions).

279. La Chambre doit vouloir que toute élection soit
pure; elle doit vouloir qu'on punisse les usurpateurs des
droits des citoyens, et les fonctionnaires prévarica-
teurs (1).

280. Nous voulons que les pétitions soient renvoyées
à M. le garde des sceaux, parce qu'il est le protecteur

---

la haine. Ils sont de la nature de ceux prononcés par les
commissions dans lesquelle l'offensé se cache derrière des
hommes de son choix, mais qui ne sont réellement que les
exécuteurs dévoués de ses passions ou de ses ressentimens;
Etre juge et partie, c'est le comble de la tyrannie et de
l'iniquité.

(1) *Prévariquer*, dit Marcian, c'est cacher des *crimes
vrais*, et recevoir des *excuses fausses*; c'est taire des choses
qu'on doit dire, ou ne faire que glisser sur ce qu'on doit

naturel des plaignans, des parties civiles, parce qu'il doit leur prêter la force que leur situation peut ne pas leur donner.

281. Les réunions des citoyens pour déterminer leurs choix sur certains hommes, et la manière d'organiser ces réunions pour les rendre moins tumultueuses et plus légales, sont un mérite et non pas un délit. Les Comités-directeurs nomment-ils au besoin? destituent-ils? disposent-ils des gendarmes? Les Commités-directeurs, ou plutôt les citoyens qui se réunissent pour procéder aux élections, n'ont de défense que dans la loi, n'agissent que dans la circonscription de la loi ; les prétendus Comités-directeurs sont des réunions légales qui ont sauvé la France. Elles ont fait sortir la France de la situation fâcheuse dans laquelle elle se trouvait. Elles l'ont tirée de ce système, que vous-mêmes avez qualifié de *déplorable,* de cet abîme qui se creusait tous les jours plus profondément sous ses pas : Et, voilà les hommes qu'on inculpe ! Ils n'ont fait que remplir leur devoir, et ils méritent notre gratitude.

282. Rien n'est plus légal, n'est plus nécessaire que ees réunions de citoyens, avec l'organisation qui remet la confection des listes électorales entre les mains de l'autorité administrative; il faut bien que les citoyens se rassemblent et se concertent entre eux, pour contrôler la

---

répéter, parfaitement faire connaître ; c'est dissimuler les preuves. Le *prévaricateur,* est celui qui absout lorsqu'il devrait accuser. *Pour connaître l'origine de ce mot, voy. Plin. lib.* 18. *c.* 19.

conduite de l'administration. Dans tous les pays où il y a des assemblées représentatives, les citoyens appelés à élire les représentans, ont le droit de se concerter entre eux.   B. Constant.

283. Reconnaissons qu'il importe de flétrir la calomnie, vice honteux dont l'influence sur les mœurs publiques serait mille fois déplorable. Si l'on consacrait son impunité, tous les liens du pouvoir seraient brisés, et le caractère français recevrait la plus funeste atteinte.......... que la calomnie, repoussée par le caractère national, soit sévèrement réprimée par les lois.   De Conny.

284. Ce serait une singulière certitude que la certitude collective qui se composerait de quelques centaines d'incertitudes particulières, et rappelant ce mot d'un Anglais à qui l'on disait que cinquante présomptions formaient une preuve entière : J'ignorais, répondit-il, qu'avec cinquante chevaux gris on pût faire un cheval blanc (1).

285. Lorsqu'il s'agit de l'appréciation morale d'un fait, la différence est grande entre la fraude et l'erreur ; (2) mais le plus souvent cette différence s'évanouit dans l'appréciation des conséquences.

---

(1) Il n'y a et il ne peut y avoir de *véritable certitude* que celle qui résulte d'un fait patent, incontestable, ou de l'assurance donnée par une personne de bonne-foi. Mais il y a là deux certitudes entre lesquelles il faut bien distinguer, car l'une est physique, l'autre morale.

(2) L'*erreur* est cette opinion qui regarde comme vr

286. L'erreur tue l'élection aussi bien que la fraude.

287. Quant à la bonne-foi, j'en connais une qui ordonne de réparer l'erreur aussitôt qu'elle est reconnue, et aussi complétement que possible, même dans ses effets déjà produits.

288. La loi seule faisant les électeurs;

Les préfets chargés des mesures d'ordre et de police qui préparent l'élection;

Cette élection faite par les colléges électoraux;

Et vous, (députés) chargés de vérifier, d'apprécier l'influence de tous ces faits divers sur la vérité de l'élection, ne statuant sur rien de ces faits, mais sur *l'élection* dans laquelle ils se résument tous, ne pouvant ainsi rien réformer, rien détruire, rien annuler, si non *l'élection*.

Jugés et jurés tout-à-la fois; comme juges d'abord, et tenant ce titre de la loi, vous posez la question dans les termes que vous désigne votre réglement :

L'élection est-elle *vraie*? est-elle *valide*?

Devenus jurés alors, vous répondez à cette question par un *verdict non motivé* qui ne peut vous mettre en conflit de juridiction avec aucune autorité, car nulle autorité n'a ni ne peut prétendre juridiction sur une question de validité d'élection; qui ne peut vous mettre en opposition

---

ce qui est faux, ce qui est faux comme vrai, comme certain ce qui est incertain, et *vice versa*. Il ne faut jamais confondre l'erreur avec l'*ignorance*, car cette dernière peut porter sur le vrai comme sur le faux tout à la fois, et il n'en est pas de même de l'erreur.

avec aucune chose *jugée* ou à *juger*, car nul autre juge n'a prononcé ni ne prononcera sur la valadité ou l'invalidité de l'élection (1).

289. Vous ne soumettez pas les listes électorales à une révision générale, comme on l'a objecté : d'abord vous ne vous occupez pas de tous les inscrits, mais seulement des votans; ensuite, à l'égard de ceux-ci, vous regardez leur capacité comme préservée et suffisamment justifiée par leur inscription, tant qu'il n'y a pas preuve contraire. Mais lorsque cette preuve est fournie, la présomption tombe, et vous ne regardez pas la question de l'efficacité et de la valeur intrinsèque du vote comme jugée souverainement par le fait de l'inscription frauduleuse ou erronée, ni par le fait coupable ou illégal de l'émission du vote : vous laissez subsister l'erreur dans les actes du préfet; mais vous l'annulez dans l'élection.

Autrement, il est inutile de se faire illusion, vous ne vérifiez pas les pouvoirs des membres de cette Chambre; on annule votre droit par les limites dans lesquelles on veut le circonscrire; les conditions d'admission sont celles d'éligibilité, et rien de plus. Qu'importe qu'il y ait un éligible s'il n'y a point d'élu; qu'importe aussi la régularité de l'opération électorale s'il n'y a point d'élection?

290. Y a-t-il ou n'y a-t-il par une élection réelle et non mensongère?

C'est dans la solution de cette question qu'est la vérification. Hors de là il n'y en a point.

____

(1) Voy. depuis le n°. 181 jusqu'au n° 195, et la note 2 de la p. 56.

291. Ce n'est point par *omnipotence* que vous vé-
rifierez l'élection tant dans l'électeur que dans l'élu ; c'est
au contraire par impuissance de faire autrement une vérification réelle. DE CHAUVELIN.

292. La Chambre a trop le sentiment de ce qu'elle
doit au pays, de ce qu'elle se doit à elle-même, dans la
vérification des pouvoirs de ses membres, pour subir jamais le joug des listes, puisque l'illégalité et la fraude ont
pu les vicier. Elle ne saurait penser que la bonne-foi des
élections puisse suppléer à leur vérité (1). RENOUVIER.

293. Les discussions qui s'élèvent en matière d'élections, sont toujours graves. Il ne s'agit pas d'établir des
principes d'un jour, mais des principes qui doivent
régler l'avenir. Ceux qui attaquent aujourd'hui, doivent
penser qu'un jour ils pourront être aussi attaqués.

294. Le véritable principe, en matière d'élection, est
que vous devez voir si l'élection est bien le vœu de la
majorité du collége ; c'est celui qui convient à votre omnipotence, celui qui vous dégage de toutes ces fins de
non-recevoir, plus susceptibles d'être présentées devant
de simples juges, que devant l'assemblée des premiers
citoyens d'une des premières nations du monde.

295. A quel caractère reconnaît-on un électeur inca-

______

(1) Le gouvernement représentatif n'étant populaire
qu'au rapide instant où le peuple nomme ses représentans,
la loi doit consacrer tout ce qui imprime à ce choix le caractère de la volonté souveraine. P. P.

pable ? à deux caractères : Le premier, et le plus grave, c'est qu'il faut payer le cens ; car c'est au cens que la loi attache caractère électoral. Le deuxième, c'est l'inscription sur la liste. La liste ne donne pas la capacité, mais elle proclame le droit ; et l'inscription est nécessaire pour avoir l'entrée dans le Collége : si l'un des deux caractères manque, on n'a pas le droit de voter, et dès lors on doit être considéré comme étranger au collége.

396. La bonne-foi ou la fraude de l'administration peut être examinée, quand il s'agit de punir l'administrateur qui a été coupable ; mais quand il s'agit d'élection, comme ce n'est pas l'administration qui doit faire l'élection, la question de fraude ou de bonne-foi, est ici étrangère.

297. Le Roi n'a et ne saurait jamais avoir d'ennemis en France. La seule supposition contraire est un blasphême politique ; elle porterait atteinte à la sécurité des peuples et à la force morale de la couronne dans les négociations du dehors (1).

298. Votre premier devoir est de cicatriser ces graves

---

(1) Il n'y a qu'un ennemi du prince qui puisse lui supposer des ennemis ; mais quel nom doit-on donner à celui qui ose dire qu'*il en a* ? N'est-ce pas déjà énoncer qu'il mérite d'en avoir ; et dès-lors, si cette pensée pouvait passer dans l'esprit du peuple ?... Ah ! il n'a donc pas oublié celui qui a pu supposer des ennemis au prince, que le peuple ne rend presque jamais des arrêts, que c'est toujours la foudre qu'il lance !

L'inviolabilité du prince ne doit pas seulement naître de

ressentimens dont vous n'avez pas craint de porter l'expression jusqu'aux pieds du trône ; il est encore de déjouer les intrigues audacieuses d'une coterie, qui, irritée dans sa chute, essaie aussi de nous troubler par ses clameurs.

MAUGUIN.

---

5 AVRIL.

(Rapport de la Commission des Pétitions.)

299.—Loin de consacrer le principe honteux de l'obéissance passive, vous direz à tous ceux qui ont des places, comme à ceux qui veulent en avoir, parce c'est une opinion fixe, une règle invariable d'après laquelle ils seront jugés, vous direz que pour réussir désormais au pouvoir, il faut être capable d'y renoncer, plutôt que de renoncer à l'honneur et à l'estime de ses concitoyens.

3oo. Non, le Roi n'a pas d'ennemis, le Roi ne peut

---

la loi, de son caractère, de la fiction morale qui l'entoure, elle doit encore être le culte de la pensée,

Vous, qui si imprudemment commettez si souvent le prince, et qui pourtant parlez tant du passé, avez-vous donc perdu la mémoire, ou dites-nous alors où vous voulez en venir ?... Mais ce n'est plus par vous que la France peut se laisser conduire : elle a son prince et le pacte qu'il a juré, elle les aime tous les deux, et elle ne peut plus sortir de la voie de la justice, de l'honneur et de la raison.

pas en avoir; inaccessible à la haine, il ne saurait la faire naître, et ce n'est pas là seulement un effet de son caractère personnel, cela résulte aussi de la nature et de la force de nos institutions.

301. Les Colléges électoraux sont le tribunal suprême aux pieds duquel viennent se résoudre les actes de l'administration, et c'est ainsi que lorsqu'un ministre a osé dire, en prononçant la dissolution de la Chambre, *cette fois, je ne joue que le Ministère*, la France a répondu qu'elle ne jouerait jamais autre chose, et le Ministère est tombé.

302. L'influence de l'administration, dans les élections, peut être un fait, jamais un droit; elle ne peut pas être un droit, parce que la loi s'y oppose, parce que le code pénal renferme, à cet égard, des dispositions assez précises.

303. Elle peut être un fait, parce que de la position de l'administration, de ses relations et de ses actes, il résulte, dans tous les cas, une action morale plus ou moins forte, plus ou moins efficace. Mais pour que ce fait soit irréprochable, pour qu'il ne soit pas contraire à la loi, il faut qu'il s'accomplisse de lui-même sans effort et sans que rien atteste l'intervention directe et sepéciale de l'administration ou de ses agens.

Ainsi je ne conteste pas au Ministère le fait d'une influence probe et légale, telle qu'elle peut résulter de sa considération personnelle, et telle que nous pourrions l'exercer nous-mêmes; mais je lui conteste une infleunce frauduleuse, oppressive, contraire à nos mœurs et à nos lois, telle que l'a exercée l'ancien Ministère.

Je ne conteste pas au Ministère l'influence de quelques journaux dévoués à son système, mais je lui conteste l'influence des pamphlets et des calomnies, telle que l'a exercée l'ancien Ministère.

Je ne conteste pas au Ministère l'influence de ses dîners et de ses caresses, mais je lui conteste l'influence des menaces et des destitutions.

304. En toutes choses, il n'y a plus qu'une influence possible, honorable, efficace, c'est l'influence des bons exemples ! et celle-là s'exerce naturellement, sans qu'on en parle et même sans qu'on y tâche.

305. Que le Ministère ait une conscience et qu'il permette d'en avoir une.   JARS.

306. C'est dans le *Moniteur* que doivent être écrites les instructions du pouvoir ; car ce n'est point dans l'ombre, par des manœuvres secrètes qu'il doit révéler sa puissance.

307. Lorsque dans l'état tout est calme, et que des hommes de bien, que séparent diverses nuances politiques, briguent les suffrages dans les Colléges électoraux, le pouvoir doit rester impassible, il doit surtout être étranger au mouvement des *coteries* (1), et fuir cette

---

(1) Selon la définition de nos dictionnaires, le mot *coteries* signifierait *société de plaisir*, *société qu'on fréquente souvent*. Cette définition, ainsi qu'un grand nombre d'autres, atteste combien nos dictionnaires sont en arrière, et avec combien peu de soin ils sont faits. Il y a longtems que le mot coterie se prend en mauvaise part, et, depuis l'hôtel de Rambouillet, qui avait ses coteries, la politique a eu

atmosphère où s'agitent des passions diverses; il ne doit jamais prendre parti dans cette lutte des ambitions ou des rivalités, sa dignité lui en fait une loi, et sa dignité est une des conditions de sa puissance (1). De Conny.

308. La révolution est finie, l'ordre lui a succédé; et si l'on pouvait faire l'éloge de ces tems malheureux, ce serait en faisant l'éloge de ce tems-ci, qui en est un heureux résultat (2).

309. Je demande au royaliste qui a le plus souffert de la révolution, s'il voudrait revenir aux tems qui l'ont

---

aussi les siennes. On pourrait donc assimiler, je pense, toute coterie, à un petit club où l'on s'occupe moins du bien public, ou de l'intérêt des lettres et des arts, que de les contrarier, et de leur imprimer une direction toute à l'avantage d'un parti ou d'une petite faction qui, à défaut de capacité, veut triompher par l'intrigue, et faire prévaloir le *savoir-faire* sur le véritable savoir.

Les coteries sont les congrégations de la nullité ambitieuse.

(1) Lorsque les personnes sans fortune veulent s'élever, elles doivent s'attacher à un parti; mais les grands et ceux qui ont déjà du pouvoir, feront plus sagement de se tenir neutres. Bacon.

(2) La révolution serait honorable dans toutes ses parties, glorieuse dans toutes ses époques, respectable et sacrée dans tous ses membres, s'il ne s'était pas trouvé des hommes plus révolutionnaires qu'elle. Mais toutes les passions débordaient, il se rencontra des âmes féroces, et les hommes sont au moins imitateurs s'ils ne donnent l'exemple. L'antiquité aussi a eu ses Atrides!...

précédée; s'il voudrait revenir d'Austerlitz à Rosbach, de la tolérance de nos jours à la Saint-Barthélemy et aux dragonades; du code qui nous régit avec tant de sûreté pour les individus, et d'accélération pour les procès, au droit coutumier et à la torture (1) ; si enfin elle voudrait revenir du dernier Ministère à la Dubarry et à l'abbé Terray?

310. La révolution est finie : et nous ne demandons qu'à jouir tranquillement et avec sûreté de l'ordre nouveau qui s'est établi et que nous devons à Louis XVIII, à la Charte (2).

311. Il faudra que tout condidat puisse dire comme Hyppolite :

« Examinez ma vie, et voyez qui je suis? (3) »

312. Lorsque nous entrons dans une ère nouvelle pour la France, quand nous marchons dans la voie des libertés constitutionnelles, il faut les adopter elles et leurs con-

---

(1) C'est Louis XVI qui a aboli la torture. Ce seul acte, honorable pour son cœur et si grand pour l'humanité, doit combler la mesure de la haine qui flétrit ses boureaux.

(2) Quels deux plus grands bienfaiteurs du genre humain que Louis XVI et Louis XVIII ! L'un abolit la torture et voulut pour son peuple tout le bien qu'il était possible de lui faire; l'autre consacra ses droits et le mit à même de les reconquérir. Titus et Marc-Aurèle n'ont pas fait autant.

(3) Voy. note 2. p. 56.

séquences, car elles tendent toutes à la stabilité du trône, à la prospérité du pays. ALEXANDRE DE LABORDE (1).

313. Les électeurs ont fait leur devoir quand ils ont surveillé les listes; ils ont fait leur devoir quand ils se sont entendus pour préparer les élections; ils ont achevé de remplir leur devoir lorsqu'ils ont dénoncé à l'assemblée les méfaits ou même les erreurs de l'autorité, et s'ils ont erré dans quelques-unes de leurs assertions, la faute en est à cette autorité qui a retenu dans ses mains les preuves qu'elle était tenue de livrer.

314. La modération qui a présidé à nos délibérations, aurait-elle été prise pour de la timidité par les amis de la dernière administration ? Tranchons le mot : Nous ont-ils crus assez lâches pour dénoncer au chef de la justice ceux dont les votes indépendans et courageux nous ont amenés dans cette enceinte! Leurs actes ne sont-ils pas aussi les nôtres? Quant à moi, je m'en accuse, ou plutôt

---

(1) M. Le comte de Laborde a aussi fait vivement sentir, dans son discours, la nécessité et le droit de l'intervention des électeurs pour surveiller les élections. Il a répondu avec clarté et force à la denomination de *Comité-directeur* donnée à ces réunions qui avaient eu lieu, et que l'on avait voulu représenter comme le *Comité-directeur*, prétendu Comité occulte, ainsi nommé par les ultra-royalistes qui dirigeait, selon eux, des conspirations contre l'autorité du Roi; ou bien comme ce *Comité-d'insurrection* que formèrent les Jacobins en 1792, et dont le but était d'échauffer les esprits et de concerter les mesure pour la journée du 10 août.

je m'en honore. J'ai dit aux électeurs constitutionnels ;
formez des réunions, des comités, examinez les listes ;
complétez-les par de nouvelles inscriptions, réparez-les
en demandant la radiation des faux électeurs. Je leur ai
dit encore ; le Ministère nous a laissé quelques jours pour
nous occuper d'élections qui décideront du sort de la
France ; rassemblons-nous sur-le-champ (1), discutons
les titres des candidats au grand jour, librement, fran-
chement, comme il convient à des Français constitutionnels. Si le succès avait trompé notre attente, j'aurais
ajouté : Il nous reste un devoir à remplir. Examinons si
les élections ont été valides et sincères ; et si nous avons
des preuves ou seulement des doutes, soumettons-les à
nos députés, car leur devoir et leur désir plus encore que
les nôtres, sont de ne pas laisser introduire, au milieu
d'eux, des hommes qui n'auraient pas été nommés par le
pays.

5i5. Un honorable député n'a pas craint de nous le
dire à cette tribune : craignez d'encourager la délation,
elle a perdu l'empire romain (2). Mais qu'ont de commun
la délation avec ces pétitions publiques, couvertes d'ho-

---

(1) L'habitant de Rome était appelé si essentiellement
aux délibérations de l'état, qu'il fallait qu'il s'expatriât lui-
même pour en être déchu, ou que ses crimes méritassent le
bannissement, car jamais la peine de mort ne fut pro-
noncée contre le citoyen.

(2) « Pour bien saisir l'esprit des Gouvernemens sous des
régimes divers, il importe de ne pas confondre la *dénonciation*

norables signatures, adressées aux députés de la nation, dans le seul but d'obtenir des élections sincères? La délation, vous la reconnaîtrez à sa marche tortueuse, à ses coups portés dans l'ombre.

516. Les réunions électorales tendent à substituer à l'influence d'une côterie ou d'une faction, celle du talent et de la vertu. Comment un candidat taré osera-t-il se présenter dans une pareille assemblée, lorsque cent voix accusatrices peuvent s'élever à l'instant contre lui? (1)

Daunant.

517. L'autorité est certainement libre d'agir dans son opinion, et d'expliquer sur quoi son opinion est fondée, pourvu qu'elle raisonne et souffre qu'on raisonne contre elle (2).

318. Savez-vous pourquoi est arrivée cette révolution de 89, qui a tant dévié de sa route, et dont les déviations

---

avec la *délation*. Avant que la rivalité du commandement eût armé des citoyens contre les lois, la délation était inconnue dans cette Rome, où peu de temps après elle fut payée par les richesses des proscrits, et même par les honneurs. Sous le régime militaire des empereurs, l'office de délateur était d'alimenter les terreurs du tyran, d'aigrir ses fureurs, et de lui signaler des victimes. P. P.

Oui, flétrissons les délateurs, car Néron ne serait peut-être pas aussi odieux sans Narcisse. Sans les délateurs, il n'y aurait point d'espions, et la police pourrait devenir respectable.

(1) Voy. la note 2, p. 26.
(2) Voy. le n°. 365.

nous ont tant coûté? C'est qu'alors nous n'avions pas un Gouvernement constitutionnel. Nous n'avions pas la liberté, des garanties; mais nous avions l'ancien régime; nous avions ce que les hommes, qui crient à la révolution, veulent ramener. Il y avait des prolétaires, des hommes opprimés, de l'arbitraire partout, et voilà ce qui produisit la révolution.

319. Les hommes ne font pas les révolutions parce que quelques insensés les poussent, mais parce qu'ils sont malheureux et opprimés.

320. Toutes les fois que les hommes sont assez éclairés pour réfléchir sur leurs droits (1), ils ne se contentent pas de jouissances qui peuvent leur être enlevées, ils veulent des garanties, et le besoin de garanties devient aussi impérieux que le malheur et le désespoir.

321. Ceux qui ne veulent pas de révolution, doivent

---

(1) L'un des penseurs les plus profonds et les plus éloquens, Pascal, a dit : « La suite des hommes, pendant le cours de tant de siècles, peut être considérée comme un homme qui subsiste toujours et qui apprend continuellement ». Si donc Dieu, en créant l'homme, lui donna tout ce qui pouvait le rapprocher de lui de plus en plus; s'il le dota de cette sublime intelligence qui lui fait distinguer le bien du mal, le juste de l'injuste, la vérité du mensonge; l'on ne peut contester à l'homme le droit de demander ce qu'il croit le meilleur; s'y opposer, c'est une tyrannie; le lui refuser, c'est un outrage au créateur, une révolte contre sa volonté, et par conséquent, un homicide volontaire.

donc s'attacher aux garanties, (1) doivent s'attacher au gouvernement constitutionnel.... Les véritables révolutionnaires (2) sont ceux qui, dans leur désespoir d'être déchus du pouvoir, invitent en toutes lettres les citoyens à se révolter.

522. Il y a dans la nation, dans l'industrie, dans la propriété, telle que les événemens de trente ans l'ont disséminée, un instinct de conservation si efficace, que, lorsque même que la faction serait en force par tout, dans la Chambre des pairs, dans la Chambre des députés, autour même du trône, et qu'elle parviendrait à le dominer, elle inspirerait un tel frémissement, une telle répugnance, une telle horreur, qu'elle tomberait encore comme elle est déjà tombée trois fois.

---

(1) J'ai déjà cité le Traité des *Garanties individuelles* de M. Daunou ; on ne peut assez répéter que tout véritable citoyen ne peut assez méditer cet excellent ouvrage.

(2) Ce mot *révolutionnaire* devient une nouvelle preuve de la variabilité des acceptions des mots des langues. Il a signifié d'abord : « ami de la révolution ; qualité de ce qui est selon ses principes et propre à en accélérer les progrès ; » ici il ne signifie rien autre chose qu'un besoin impérieux de changer l'ordre établi, ordre conforme à des principes, pour un autre ordre répudié et contraire à l'état actuel des lumières acquises. Un *révolutionnaire* aujourd'hui, ne serait donc qu'un ennemi de la Charte, un homme qui pousserait à l'*insurrection* pour provoquer des déchiremens et replonger la raison et le droit dans le préjugé et l'arbitraire.

323. L'insdustrie n'a pas le tems d'être factieuse ; elle a mieux à faire. Il n'y a de factieux que les oisifs, à moins qu'il n'y ait malheur et désespoir ; que les hommes dont la vanité est blessée, qui regrettent ou veulent à tout prix conserver des priviléges.

324. Les hommes qui crient le plus contre la révolution, sont ceux qui veulent la faire ; que ceux qui prétendent transformer en anarchistes de paisibles citoyens, ceux qui soulèvent les passions, calomnient les individus, et menacent l'autorité, veulent sacrifier la France à la contre-révolution, comme le dernier ministère sacrifiait la monarchie à son ambition. B. CONSTANT.

5 AVRIL.

—325. Les devoirs-des Ministres, dans l'examen de ces pétitions, (1) sont tellement graves, qu'il ne serait pas permis d'imaginer qu'ils en négligeassent l'accomplissement.

326. La Chambre a voulu que tout fût éclairci ; et, dans cette occasion, elle a donné un grand témoignage de son amour ardent pour la justice et pour la vérité.

327. C'est pour le Ministère un devoir impérieux de vérifier si les administrateurs qui sont sous sa direction particulière, sont dignes de la confiance du Gouvernement.

DE MARTIGNAC, *minist. de l'int.*

---

(1) Sur les élections.